KB264554

한국기업과 e-Logistics

한국기업과 e-Logistics

서선애 著

한국학술정보㈜

책머리에

한국무역협회의 발표에 의하면 2005년 12월 2일자로 국내 무역량이 5,000억 달러를 달성하였다. 이는 수출과 수입의 꾸준한 증가추세에 기인한 것으로 무역수지의 흑자 혹은 적자를 떠나 국내 경제여건 전반에 커다란 의미라 할 수 있다. 이러한 국내의 무역량의 증대는 관련 기업의 노력과 더불어 세계에 걸쳐 개방화의 움직임이 빠르게 진전하고 있음을 반영하는 결과라 할 수 있다. 특히 국내의 경우 무역량과 함께 대외무역 의존도가 2000년 기준 73.1%(KOTRA, 한국은행 자료)로 매우 높은 수준을 나타내고 있다. 따라서 수출입기업의 관련 비용의 절감은 기업 스스로나 국내 경제 상황에 큰 영향을 미치고 있는 실정이다. 최근의 국제 물류비에 대한 각 기업의 관심이 급격히 증가하고 있는 것은 바로 이러한 이유와 관계가 있으며, 기업에 있어 향후 물류비의 절감 및 물류 관련 서비스의 확대는 매우 중요한 이슈로 대두되고 있다. 또한 e-Commerce의 확대에 따른 소량 화물의 증가, 배달의 정확성과 속도에 대한 중요도와 함께 물류관리의 효율성 확보는 기업이 안고 있는 중요한 과제가 되고 있으며, 미래 경쟁력의 원천으로 작용할 것이다.

최근의 물류관리의 변화 양상을 보면 물류의 중요성 증대, 물류의 아웃소싱화, 물류의 전자화 등의 세 가지 특성을 보이고 있다. 이러한 점들 때문에 선진 기업들은 물류정보기술의 활용도를 점차적으로 확대해 나가고 있으며, 동시에 물류정보기술을 통합하는 e-Logistics에 대한 관심도 증가하고 있다. 물류의 아웃소싱으로 인해 물류를 이행하는 물류주체의 다양성이 확보되면서 이들을 전자적으로 연결해줄 시스템이 바로 e-Logistics인 것이다. 하지만 기업들마다의 물류 수행 방법의 차이와 전자적 시스템의 차이 및 최고경영자나 물류담당자의 관련 분야에 대한 무관심으로 인해 물류전체의 통합은 많은 시간과 비용을 요하고 있는 것이 현실이다. 그 밖에 기업의 형태나 기업이 생산하는 제품의 특성 혹은 상품의 주기별로 물류의 방법 혹은 과정은 많은 차이를 가지고 있기 때문에 이를 통합하는 것이 그리 간단한 것은 아니라는 것은 쉽게 짐작할 수 있는 일이다.

하지만 최근에 물류가 생산과 거래의 보조수단이 아닌 부가가치를 발생하는 또 하나의 생산 분야로 급부상하면서 여러 가지 문제점에도 불구하고 이를 통합하려는 움직임이 활발히 일어나고 있다. 물류의 중요성 증가와 이를 전자적으로 통합하려는 시도는 e-Logistics 형태로 발전하면서 그 분야에 대한 관심과 연구들이 증가하고 있다. 본고에서는 e-Logistics에 관한 전반적인 개념과 이해 및 어떠한 기업이 e-Logistics를 도입하고 활용하는지에 관해 한국의 수출입기업을 대상으로 하여 조사 및 연구하였다. 본고를 통해 e-Logistics에 관심 있는 제조기업이나 유통 및 물류기업들이 e-Logistics 도입에 있어 특성파악에 많은 도움이 될 것으로 본다.

본고를 펴내면서 e-Logistics에 관한 연구가 국내외적으로 많이 이루어지지 못해 심도 있는 연구의 진행이 어려웠던 것이 사실이다. 따라서 관련 분야의 보다 폭넓고 깊이 있는 연구는 향후 연구과제로 남겨놓기로 한다.

본고가 나오기까지 지금의 저를 있게 해주신 송채헌 교수님과 임용택 교수님께 진심으로 감사의 말씀을 전하며, 같이 할 수 있는 많은 시간을 양보해준 사랑하는 남편(송성우)과 우리의 보석인 딸 시헌이에게 미안한 마음과 고마움을 전한다.

마지막으로 항상 부족한 딸을 위해 하루도 빠지지 않고 새벽기도를 다니시는 엄마(김옥순)께 처음으로 감사의 마음을 드립니다.

이틀 남은 2005년을 붙잡으며······

목 차

제Ⅰ장 서 론

제1절 문제의 제기와 필요성

최근 경제적 국경의 의미가 퇴색되면서 산업 전반에 걸친 국가 간 동조화 현상이 발생하고 있다. 이는 전 세계적으로 개방화 전자화가 각 국가 간에 영향을 미쳐 과거와 같은 국가 간의 소비 행태의 차이를 보이지 않고 있는 것이다. 따라서 기업의 국제 전략은 이러한 동조화에 따른 서비스의 다양화와 특화된 전략이 요구되어 지고 있으며, 경영환경은 조직의 모든 부분이 보다 혁신적일 것을 요구하는 방향으로 바뀌고 있다.

또한 정보기술의 발전은 기업 환경 전반에 걸쳐 영향을 주고 있으며 특히, 물류관리 및 그 기법에 있어서도 커다란 변화를 일으키고 있다. Sanderson & Premus(2002)[1]는 IT의 발전이 조직 간의 장벽을 허물고, 공급체인 파트너 간의 자유로운 정보를 허락함으로써 물류의 역할을 변화시키고 있다고 했다.

최근 물류관리의 변화는 여러 가지 특징으로 나타나는데, 물류관리의 중요성 증대와 물류의 외부화, 그리고 e-Logistics[2]로 대표되는 물류의 전자화가 바로 그것이다. 이러한 물류관리의 중요성과 변화는 국내 물류는 물론 국제 물류에서도 크게 대두되고 있다. 국내와 같이 대외무역 의존도가 높은 경우에는 국내 물류비는 물론 국제 물류비에 대한 중요성도 각 기업에게 큰 관심사항으로 대두되고 있다. 이와 같은 상황에서 글로벌 경영활동을 추진하는 국내 하주기업에게 있어, 국제 물류도 향후 물류비의 절감

---

1) Nada R. Sanderson and Robert Premus(2002), "IT Application in Supply Chain Organizations: A Link Between Competitive Priorities and Organizational Benefits," *Journal of Business Logistics*, Vol.23, No.1.

2) e-Logistics에 대한 정의·개념에 대해서는 연구자에 따라 차이가 있는데 구체적 내용은 p.23. 참조.

및 서비스 확대의 차원에서 접근해야 할 것이다.

또한 e-Commerce의 확대에 따른 소량 화물의 증가, 배송의 정확성과 속도에 대한 중요도와 함께 물류정보기술을 활용한 물류 효율화는 기업이 안고 있는 중요한 과제가 되고 있으며, 미래 경쟁력의 원천으로 작용할 것이다. 이러한 점들 때문에 선진 기업들은 물류정보기술의 활용도를 점차적으로 확대해 나가고 있으며, 동시에 물류정보기술의 활용과 성과에 관한 연구도 진행되고 있다. 물류관리의 변화는 물류관리 분야의 연구도 다른 측면의 접근을 요하고 있다. 하지만 기존의 물류전자화에 관한 연구들은 대부분 물류정보시스템이나 관련 기술들을 통한 기업특성이나 전략과의 활용과 성과 등을 중심으로 진행되었고, 특히 통합적인 접근이 아닌 사용주체나 객체의 기능만을 부각시켜, 물류의 통합적 관리 차원의 접근은 미흡했던 것이 사실이다. 최근 물류관리의 최종적 형태가 통합이나 협업의 방향을 추구하고 있기 때문에 이에 따른 적절한 방향의 연구가 이루어져야 한다. 즉, e-Logistics에 영향을 주는 요인을 기업자체적 특성뿐만 아니라 최근 기업의 물류관리에 큰 영향을 주는 물류전문 업체 등 관련 기관과의 관련성에 따른 측면에서 다루어져야 할 것이다.

제2절 연구의 목적

본 연구는 수출입을 기반으로 하는 국제기업의 e-Logistics 활용도와 성과 분석을 통한 활용전략 제시에 목적을 두고 있다. 본 연구의 세부 목적은 한국 국제기업의 e-Logistics 활용에 관한 실태를 분석하고, e-Logistics의 활용 정도와 기업의 물류성과와의 연관성을 파악하며, e-Logistics의 활용에 영향을 미치는 요인이 무엇인지와 어떠한 부분의 물류성과에 영향을 미치는지를 연구하고자 한다.

그동안 단순한 물류기능과 물류구조 간의 상호관계적인 물류연구는 지속적으로 진행되어 왔으나, 관련 조직과의 연계성 등의 여러 가지 측면의 기업 환경 요소를 담아내지 못하고 있다는 한계점을 가지고 있었다. 물류관리 측면에서 기업이 타 기업에 비해 경쟁우위를 점하기 위해서는 물류비 절감과 서비스 확대가 선행되어야 하며 체계적인 물류시스템의 구성이 필요하다. 또한 단순한 기업물류환경이 기업자체 내의 조직이나 전략에 의해서만 행해지는 것이 아니라 국가나 관련 조직 간의 연결 속성을 지니고 있기 때문에 기업의 환경변화 요소를 정확히 포함한 연구가 병행되어야 할 것이다. 본 연구에서는 조직특성, 국제화 특성, 물류관리특성으로 독립변수를 구분하여 e-Logistics 활용도의 차이를 분석하고 그 정도와 물류성과에 미치는 영향을 분석하고자 한다.

또한 최근 물류주체의 당사자로 부각되고 있는 물류전문 업체의 참여 정도에 따른 화주기업의 e-Logistics 활용 정도를 살펴봄으로써 물류관리에 따른 물류관리 가치사슬 특성을 파악하고자 한다. 한편 그동안 분리되어 연구되었던 물류활용유형과 물류전자화를, 본 연구에서는 국제기업이 수행하는 물류아웃소싱 유형을 매개변수로 하여 각 요인 간의 관계 및 e-Logistics 활용과 성과를 규명하고 분석결과를 바탕으로 한 정책 제언을 하고자 한다.

한편 물류성과 부문에 있어서 그동안 기업들은 물류의 특정 부분에만 치우쳐 성과를 측정하는 데 초점을 두어 왔으며, 과거의 성과척도를 그대로 유지한 채, 새로운 척도를 추가해 체계성을 갖지 못하여, 적정성과 척도의 중복, 누락을 초래하고 있다. 그러나 아직까지 본 분야의 연구는 물류비 절감의 정량적 조사가 어려운 상황으로 주로 정성적 조사에 의존하는 한계를 가지고 있다. 따라서 현재 이러한 정성적 조사의 한계를 보완하기 위하여, 물류성과 측정의 체계화는 물론 물류성과의 범위의 확대에 대한 연구가 활발히 이루어져야 하며, 이러한 배경을 바탕으로 하여 성과 측정변수를 설정하였다. 마지막으로 실증분석을 통한 e-Logistics 현황 및 가설검증

뿐만 아니라 실질적으로 e-Logistics가 초기 단계이기 때문에 활성화를 위한 물류주체들의 e-Logistics 전략을 제시하였다.

본 연구는 최근 확산되고 있는 e-Logistics의 전략적인 연구를 통하여, 이러한 기존 연구의 한계를 극복하고 물류관리 분야의 새로운 연구영역을 설정하는 데 의의를 두고자 한다. 본 연구에서는 e-Logistics의 특징 탐색과 물류주체분석을 통해 e-Logistics의 활용주체를 화주기업과 물류전문 업체로까지 확대하여 대상으로 삼고, 주체들 간의 관계는 물론 관련 정도에 따른 e-Logistics 활용도에 관해 연구하고자 한다.

제3절 연구의 구성 및 방법

본 연구에서는, 먼저 대표적 연구들을 통해 e-Logistics에 관한 정의·개념을 정리하였으며, e-Logistics를 구성하고 있는 요소들을 살펴봄으로써 연구의 기초를 정리하였다. 또한 e-Logistics의 활용범위와 물류성과에 대하여 어떠한 개념들을 제시하고 있는지 광범위하게 검토하였다. 그러나 아직까지 e-Logistics에 관련된 선행연구가 부족한 것이 사실이다. 이에 본고에서는 물류정보기술과 물류아웃소싱에 관한 연구들을 바탕으로 e-Logistics 관련 변수를 도출하였으며, 물류 성과 측정 항목의 분류에 있어서도 같은 방법으로 성과측정 항목을 도출하였다. 문헌적 고찰을 토대로 도출된 변수들을 이용한 실증분석을 통하여 e-Logistics의 이론과 실제와의 일치성 및 괴리성을 살펴보았다. 이상의 내용을 정리하면 다음과 같다.

제Ⅰ장은 서론 부분으로 문제의 제기 및 연구의 필요성을 도출하고, 연구의 목적, 구성 및 방법에 대하여 제시하였다.

제Ⅱ장은 물류관리와 e-Logistics에 관한 일반적 고찰로서, 물류관리와 물류 관련 정보기술에 관한 일반적 내용, e-Logistics의 구성 내용 및 국가 물류정보화 현황, 그리고 물류아웃소싱과 e-Logistics와의 관계에 대하여 살펴보았다.

제Ⅲ장은 연구모형 도출을 위한 선행연구로써, 물류관리와 물류정보기술에 관한 연구 분석을 통하여 e-Logistics 활용에 영향을 미치는 변수도출을 시도하였으며, 물류성과 요인들에 관한 선행연구를 분류·정리하였다.

제Ⅳ장은 물류관리와 e-Logistics 관련 선행연구에서 도출된 변수들을 이용한 실증분석을 위해 연구모형과 가설을 설정하고, 변수의 정의와 측정항목을 도출하였다. 그리고 국내 수출입·제조업체를 대상으로 표본을 선정하고 설문지 구성과 자료를 모집하였으며, 이에 따른 자료의 분석 방법 및 절차를 제시하였다. 제시된 분석방법과 절차에 따라 SPSS 10.1을 사용하여 표본의 구성 및 자료의 신뢰성과 타당성을 분석하고 가설검증결과 및 결과의 의미를 제시하였다.

제Ⅴ장은 본 연구의 실증분석 결과에 대한 논의 및 정책적 제언 부분으로 앞서 분석한 실증결과에 국한하지 않고, 이를 확장하여 시사점을 도출하고, 물류주체별 e-Logistics 전략을 제시함으로써 활성화 방안을 살펴보았다. 제Ⅵ장은 본 연구의 내용을 요약하고 전략적 시사점과 본 연구의 한계 및 향후 연구방향을 제시하였다. 이상의 연구 절차를 요약하여 도식화하면 〈그림 1-1〉과 같다.

<그림 1-1> 본 연구의 구성

제 I 장: 서 론
e-Logistics 활용과 성과에 관한 연구의 필요성, 목적, 연구방법 제시

제 II 장: e-Logistics에 관한 이론적 고찰
e-Logistics의 도입배경
e-Logistics의 특성 및 추진 현황
e-Logistics의 활용주체 분석

제 III 장: e-Logistics에 관한 선행연구
e-Logistics의 활용에 관한 연구
e-Logistics의 성과에 관한 연구

제 IV 장: e-Logistics의 활용에 관한 실증분석
선행연구를 기반으로 한 연구모형의 설정
연구가설의 설정 변수의 정의 및 분석방법 제시
기초자료 및 가설검증 분석

제 V 장: e-Logistics 활용전략
분석결과의 정책적 시사점
e-Logistics 활용전략

제 VI 장: 요약 및 결론
연구결과의 주제별 요약
e-Logistics의 구체적 활용방향 제시
본 연구의 의의와 한계점 및 향후 연구과제

제Ⅱ장 e-Logistics에 관한 일반적 고찰

제1절 물류관리의 개념과 변화

1. 물류관리의 개념

물류의 개념[3]은 연구자에 따라 달리 정의되어지고 있으며, 시대에 따라 여러 가지 의미로 변화되어 왔다. 물류는 물품이 있는 곳에서 있어야 할 곳으로 이동하면서부터 발생하는 모든 과정을 포괄하는 의미라 할 수 있다. 또한 물류는 물품이 이동함으로써 시간과 공간적 효율성이 창출되는 것을 말하며, 최근 이러한 물류의 영역이 확대되고 있다. 물류관리의 영역을 상품의 최초 시작인 원자재 조달로부터 소비자에게 전달된 후 폐기되어 친환경상태로 되돌아오는 과정까지를 순서별로 분류하면 〈표 2-1〉과 같다.

---

3) 그동안의 물류 관련 연구를 통해 물류의 정의를 정리해 보면 다음과 같다. ① Physical Distribution, ② Logistics, ③ Business Logistics, ④ Material Management, ⑤ Physical Supply, ⑥ Product Flow, ⑦ Marketing Logistics, ⑧ Supply Chain.

<표 2-1> 물류의 영역

물류의 영역	내 용	주요업무
조달물류	물류의 시발점으로 물자가 조달처로부터 운송되어 매입자의 물자보관창고에 입고, 관리되어 생산공정 (또는 공장)에 투입되기 직전까지의 물류활동	포장의 표준화, 규격화, 임시보관장소 폐지 팔리트, 용기 등의 표준화, 규격화 협력업체와의 공동화, JIT납품 공차율 감소, 수송루트 적정화 차량 회전율 증대
생산물류	물자가 생산 공정에 투입될 때부터 완제품의 생산에 이르기까지의 물류활동	작업교체 및 생산 사이클 단축 중간품, 반제품 등의 그룹화 공정재고의 제로화, 흐름화 및 평준화 내주 및 외주의 적정화
판매물류	판매물류는 완제품의 판매로 출고되어 고객에게 인도될 때까지의 물류활동	수·배송시스템화를 위한 수·배송센터의 설치, 팔리트 풀 시스템의 이용 유통가공에서의 콜드 체인화 공동물류센터 구축
반품물류	소비자에게 판매된 제품이나 상품자체의 문제점(상품자체의 파손이나 이상)의 발생으로 상품의 교환이나 반품을 위한 물류활동	물류거점별 품질보증체계 확립 매출예측정밀도 향상으로 반품 감소 반품에 대한 페널티제도 실시
폐기물류	파손 또는 진부화 등으로 제품이나 상품, 또는 포장용기 등이 기능을 수행할 수 없는 상황이나 기능을 수행한 후 소멸되어야 할 상황일 때 제품 및 포장용기 등을 폐기하는 물류활동	환경친화적인 물품생산을 통하여 폐기 물류의 감소를 유도

자료: 박승봉·서준석(2003), "e-Logistics 실행에 영향을 미치는 조직특성 요인에 대한 탐색적 연구", 「인터넷전자상거래연구」, 제3권 제2호, 한국인터넷전자상거래학회.

물류의 범위 확대 경향은 물류관리가 전통적인 경영활동인 재무, 생산, 마케팅 활동 등과 기능적 통합을 통해 새로운 분야로 재 정의되고 있는 것으로 해석할 수 있다. 확대된 물류의 개념은 목적에 따라 세 가지 측면에서 접근할 수 있는데, 자원 집약적 물류, 정보 집약적 물류 그리고 사용자 집약적 물류가 바로 그것이며 정리해보면 〈표 2-2〉와 같다. 물류의 개념을 자원·정보·사용자4) 간의 상호작용 측면에서 바라보는 것은 최근의 물류관리의 통합적인 흐름을 반영하는 의미라고 할 수 있다.

〈표 2-2〉 물류 자원적 측면에서 본 물류의 개념

Resource-oriented logistics (자원 지향적 물류)	- 자원(자본, 자재 및 노동력)의 조달 관리 - 지리적 및 각 기능 간의 관계에 집중화 - 전 세계를 자원의 공급과 판매처로 간주, 기능적으로 구분 관리 - 물류의 기능은 자원 활용의 최적화에 집중화
Information-oriented logistics (정보 지향적 물류)	- 경쟁우위의 원천을 정보관리에 두고 있음 - 물류는 물자의 흐름보다 정보의 흐름(제품의 가용성, 배송시간, 고객니즈 등)에 집중화 - 분야별 측면과 지리적 관계에 집중화
User-oriented logistics (사용자 지향적 물류)	- 최종소비자에 집중화되는 경향 - 소비자에게 신속한 반응을 신축성 강조 - 신축성(Flexibility)은 정확한 조정을 통해 가능함

또한 미국 로지스틱스 관리협의회(1976)에 의하면 물류의 개념5)을 크게 3가지 용어로 구분하여 사용하는데, 일반적으로는 물류의 개념으로 로지스틱스를 사용하고 있다. 확대된 물류의 개념이 물적 유통 개념과 다른 점은 고객 지향적 운영을 중요시한다는 것과, 정보관리 측면을 중요시 한다는 것, 마지막으로 물류흐름뿐 아니라 보관까지 포함되어 효율성과 효과성이 중시된다는 것이다.

---

4) 사용자의 의미는 최근 최종 소비자의 의미로 많이 사용되고 있으나, 본 연구에서는 최종소비자와 더불어 물류관리 흐름에 개입하는 모든 물류주체를 포함하는 것으로 해석한다.
5) 물류개념을 물적 관리(Material Management), 물적 유통(Physical Distribution), 및 로지스틱스(Logistics) 등 3가지 용어로 구분.

이상의 내용을 정리하면 〈표 2-2〉의 내용을 모두 포함하는 즉, 물류는 관리와 자원의 효율적 운용과 활용으로 정의할 수 있다. 그동안 국내에서도 물적 유통이나 자원관리 개념을 따로 분리하여 물류라고 칭하던 것이 선진국으로부터 Logistics 개념이 도입되면서 국내에서도 물류의 개념이 확대되고 통합되어 사용되어 지고 있다.

물류관리의 대상이나 주체는 시대에 따라 의미의 변화가 있었는데, 1990년대 이전의 물적 유통의미의 물류시대에는 물류관리의 대상이 단순한 수단과 절차에 있었지만, 1990년대 Logistics로 의미가 확대되면서 조직 간 정보시스템을 이용한 생산과 물류 그리고 판매를 통합하는 단계로 발전하게 된 것이다. 최근의 흐름으로는 공급망 관리의 모든 주체를 물류관리의 대상으로 보고 관련 당사자의 통합과 전략적 관계를 위주로 한 개념으로 변화하고 있으며, 이러한 물류관리범위의 변천을 도식화하면 〈표 2-3〉과 같다.

〈표 2-3〉 물류관리범위의 변천

구분	Physical Distribution	Logistics	SCM(Supply Chain Management)
시기	1990년 이전	1990년대	1990년 이후
목적	물류부문별 효율화	기업 내 물류효율화	공급체인 전체 효율화
대상	수송, 보관, 포장, 하역	생산, 물류, 판매	공급자, Maker, 도 · 소매, 고객
수단	물류부문 내 시스템 기계화, 자동화	기업 내 정보시스템, POS, VAN, EDI	Partnership, ERP, SCM, 기업 간 정보시스템
주제	효율화(전문화, 분업화)	물류비용과 서비스, 다품종소량, JIT, MRP	ECR, ERP, 3PL, 재고감소

자료: 이석태(2002), "21세기 기업물류관리와 과제, 한국물류협회", 2002 제10회 한국물류혁신대회, 한국물류협회, 발표자료집 제3권.

본 연구에서는 물류와 앞서 언급한 로지스틱스 개념을 동일한 의미로 정의하기로 한다. 연구에 따라 간혹 물류와 로지스틱스의 의미를 달리 정의 내리고 있어, 의미상의 혼란을 방지하기 위해 본 연구의 연구에 있어 물류의 범위와 로지스틱스의 범위를 동일하게 정의 내리기로 한다. 본 연구의 e-Logistics 활용범위를 〈그림 2-1〉과 같이 물류의 전체범위인 원재료의 조달에서부터 생산과정을 거쳐 제품이 고객에게 닿는 시점까지로 두기 위한 목적도 있다.

〈그림 2-1〉 물류관리 및 활동

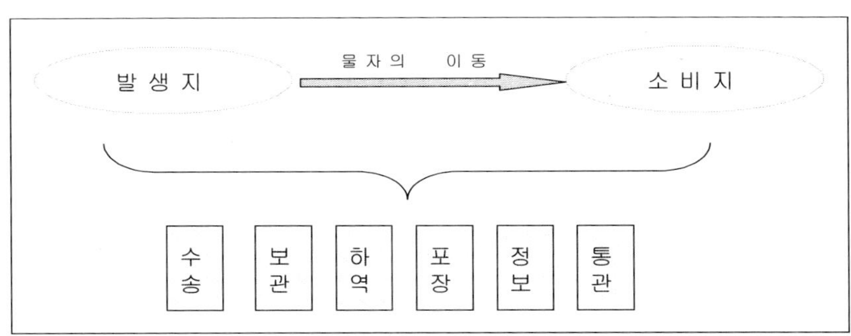

자료: 김현주 외(1992), '알기 쉬운 물류', 삼성경제연구소.

2. 물류관리의 변화

물류 분야는 현재 여러 정보기술과 웹 기술의 발전에 따라 커다란 변화를 진행 하고 있으며, 결국 기업 프로세스와의 새로운 접근 방법을 초래할 것이다(Schmid; 1993,[6] Sundermeyer; 2001,[7] Timmers; 2000.[8]) 정보화

---

6) B. F. Schmid(1993), "Computer Integrated Logistics," *Working Paper of the Institute for Media and Communications Management*, University of St. Gallen Switzerland, from http://www.netacacademy.org.

의 여러 가지 현상들은 물류에도 많은 영향을 미치며 물류의미의 확대와 물류기능의 통합을 가능하게 하고 있다. 이러한 물류관리의 의미와 현상변화에 대해 요약해 보면 다음과 같은 5가지로 정리할 수 있다.

1) 물류관리의 중요성 증대

기업 활동에 있어 물류는 일반적인 제품, 가격, 판매촉진, 유통경로와 같은 주요 핵심 분야를 지원하는 기업 활동의 보조 혹은 지원수단으로 인식, 사용되어져 왔다. 그동안 핵심 분야의 기업 활동은 기계화나 원가관리의 합리화를 통해 어느 정도 이루어졌지만, 비용절감에 대한 한계에 봉착해 있다. 비용절감의 이슈측면에서의 최근 물류관리에 대한 중요성이 재고되고는 있지만, 의식전환의 계기를 맞은 수준이라 할 수 있다. 이러한 물류관리의 중요성에 대해서는 국내뿐만 아니라 여러 국가에서도 같은 목소리를 내고 있다.

2) 물류관리의 국제화

세계화 시대의 물류 변화 중 또 하나의 큰 이슈는 각국에서 시장진입에 관한 규제의 완화로 인해 상품 이동이 크게 증가하고, 자본이동의 자유화로 자본의 해외직접투자가 크게 증가하면서 상품시장과 자본시장이 세계적으로 단일화되고 있어 국내 화물과 국제 화물의 양이 지속적으로 증가한다는 것이다.

세계적 초일류 기업의 국경을 초월한 물류시스템의 확대로 물류업의 국제화가 가속화되고 있으며, 국내 기업도 해외 진출에 따른 물류관리 범위

---

7) K. Sundermeyer(2001), "Collaborative Supply Net Management," *Advances in Artificial Intelligence* KI 2001.

8) P. Timmers(2000), "Global and Local Electronic Commerce," *EC-Web 2000*.

의 국제화가 가시화되고 있는 추세이다. 특히 국내와 같이 무역의존도가 심한 경우 국제 물류의 중요성은 더욱 크며, 기업의 국제화의 형태나 정도에 따라 물류관리접근이 달라져야 함을 알 수 있는 대목이다. 향후 WTO 유통 분야 협상에 대비 국내유통업체의 외국진출에 필요한 물류시설 지원에 관한 필요성도 증대되고 있다.

3) 물류관리의 외부화(Outsourcing)

1990년대부터 선진기업들은 핵심역량을 경영에 집중하기 위하여 물류부문의 아웃소싱을 급속히 증가 시켜왔다.[9] 물류 분야의 아웃소싱이 증가함에 따라 모든 물류서비스를 one-stop으로 제공하는 제3자 물류 지향의 물류 아웃소싱의 중요성이 대두되고 있다.

<그림 2-2> 물류활용유형의 발전단계

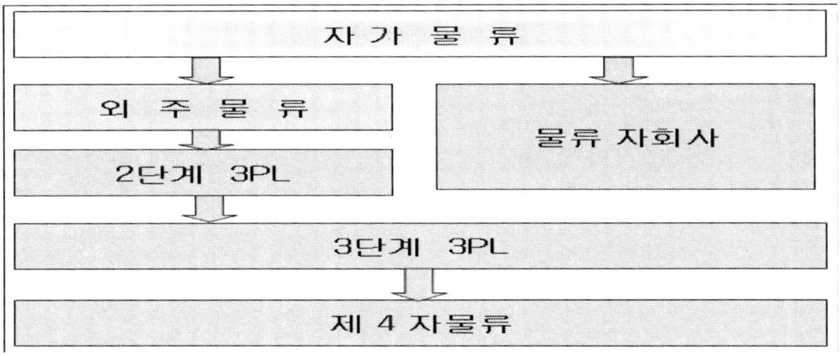

자료: 고용기·김승철(2001), "e-Logistics의 웹 기반 물류정보 서비스 경쟁력 제고에 관한 연구", 「물류학회지」, 제11권 제2호, 한국물류학회.

---

9) Fortune 500대기업의 물류아웃소싱 비율: 60%('95)→77%('00), 우리나라 제조업, 유통업의 물류아웃소싱 비율: 1.8%(99)→10.4%(2000).

〈그림 2-2〉는 물류관리의 발전단계를 나타내는 것으로 자가 물류에서부터 제4자 물류의 형태로 발전하여 내부화되었던 물류관리를 외부화하고, 위험과 비용을 전가시키고자 하는 노력들이 가시화되는 과정으로 이해할 수 있다. 이러한 물류관리의 외부화 현상은 물류 관련 연구에 있어 중요한 부분이라 할 수 있다.

4) 전자상거래의 급성장에 따른 물류체계의 구조적 변화

전자상거래의 도입과 소비자의 기호 변화로 인해 생산 측면에서 중앙집중적인 소품종의 대량생산보다는 다품종의 소량생산이, 그리고 소비측면에서는 신속하고, 탄력적이고 개별적인 고객서비스 제공의 중요성이 강조되고 있다. 또한 인터넷 쇼핑몰 등 전자상거래의 급성장[10]은 단위시간당 거래량 폭증을 유발하여 신속하고 신뢰성이 높은 저비용 물류체계 구축을 요구하고 있다.

5) 물류관리의 정보화와 통합

많은 학자들은 IT가 물류서비스를 증가시키는 수단으로써 발전하고 있다고 하였다.[11] 과거 물류관리의 중요성은 도로, 항만 등 물리적 인프라의 구축이 중요하였으나, 정보화시대는 IT를 이용한 종합적이고도 효율적인 물류네트워크의 구축이 필수적이다. IT의 발전은 전체 물류프로세스에서

---

10) 전자상거래 성장규모(연도, %): 58조 원(00, 4.5)→112조 원(01, 8.6) 전자상거래업체의 신속배달을 위한 택배업체, 편의점, 슈퍼마켓 등 오프라인(off-line)상의 물류거점 확보경쟁이 가속화. 삼성물산(HTH 인수), CJ-GLS(택배나라 인수), 한솔 CSN 등.

11) David J. Closs, Thomas J. Goldsby, and Steven R. Clinton(1997), "Information Technology Influences on World Class Logistics Capability," *International Journal of physical Distribution & Logistics Management*, vol.27, no.1, p.4.

중복성과 비효율성을 제거시키고 연결성과 효율성을 높여 전체적인 효과성을 달성함으로 물류거래비용을 절감시키고, 조직 간의 커뮤니케이션 촉진 및 서비스 증대를 달성시키고 있다. 또한 공급사슬이나 가치 사슬의 개념이 구매, 제조, 분배 그리고 판매까지 포함하는 물류 관련 행위를 통합 지원하는 것으로 확대[12]되는 데 전자화의 역할이 크게 작용하고 있다.

80년대 이후 선진국들은 산업경쟁력 강화를 위해 물류표준화·정보화 등 물류부문 투자확대와 소프트 물류인프라 혁신 시책을 경쟁적으로 추진 중에 있다. 국내의 경우 물류인프라(H/W, S/W)의 부족으로 인한 기업의 물류비 부담이 상대적으로 커서 기업의 경쟁력을 저해하는 요인으로 작용하고 있다. 정보기술은 생산성은 증가시키고 비용은 감소시키는 몇몇 생산도구 중에 하나로 인식되어지기 때문에 많은 연구자들이 물류 경쟁력을 증가시키는 주요 수단으로 정보기술을 지지해 왔다.

6) 물류의 일반적 현황

대한상공회의소와 산업자원부 주관으로 이루어진 '2004년 기업물류비 실태조사' 발표에 따르면 국내 기업의 매출액 중 물류비가 차지하는 비율이 9.9%로 조사되었다. '97년부터 줄어들기 시작한 기업물류비는 최근 수년간 대형 제조기업을 중심으로 기업물류 혁신의지가 어우러지면서 한자리수대에 진입하였지만, 아직도 일본(5.0%), 미국(7.5%)의 약 1.3~2.0배에 해당하는 것으로 글로벌경쟁력에는 미치지 못하고 있는 실정으로 나타났다.

업종별로 제조업은 '01년 대비 1.2%P 감소한 10.0%로, 유통업은 '01년 대비 0.3%P 감소한 9.3%로 나타났다. 이는 일본 제조업 평균(5.3%)보다는 1.9배, 일본 유통업 평균(4.3%)보다 2.2배 높은 수치이다. 상대적으로

---

12) Ira Lewis & Alexander Talalayevsky(1997), "Logistics and Information Technology: A Coordination Perspective," *Journal of Business Logistics*, vol.18, no.1.

물류비가 높은 세부업종은 비금속광물(15.3%), 조립금속(13.3%), 종이/인쇄/출판(11.2%) 등이며, 반면에 물류비가 낮은 업종은 제1차 금속(7.2%), 가죽/가방/마구/신발(7.8%) 등으로 조사되었다. 물류비의 기능별 비중을 살펴보면 운송비 52.7%, 보관 및 재고관리비 33.2%, 포장비 6.1%, 하역비 4.4%, 물류정보·관리비 2.2%, 유통가공비 1.4%로 나타나 물류비 지출의 85.9%(운송비, 보관 및 재고관리비)가 도로나 창고에서 사용되고 있는 것으로 조사되었다.

<그림 2-3> 기능별 기업물류비 분포

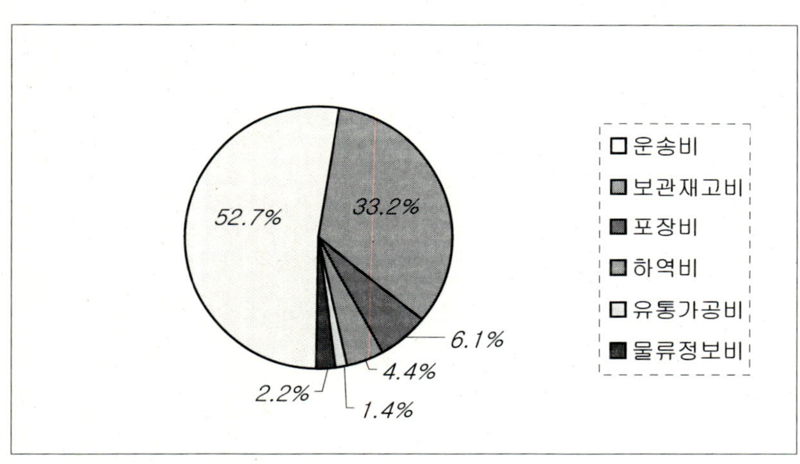

자료: 대한상공회의소·산업자원부, '2004 기업물류비 실태조사', 2004.

물류비지출의 영역별 비중을 살펴보면, 완제품의 보관, 운송, 분류, 출고, 상하차 등의 판매영역 69.5%, 조달영역 16.3%, 사내영역 11.8%, 반품영역 1.5%, 폐기영역 0.9%순으로 조사되었다. 기업물류비 지출의 73.6%는 내수용 물류활동에서 발생하였으며, 26.4%는 수출부문에 지출되고 있다. '01년과 비교, 수출물류비의 비중은 4.0%P 증가한 것으로 최근 국내 기업의 왕성한 수출활동을 시사하는 것이라 할 수 있다. 한편 기업물류비 감소의 주요 원인으로 꼽히는 물류부문 아웃소싱 지출은 전체 물류비의 57.3%에 달하고 있으며, 나머지 42.7%는 아웃소싱 지출은 '01년 대비 8.9%P 증가한 것은 자사의 설비나 인력을 사용한 자가 물류 지출인 것으로 조사되었다. 물류부문을 전문기업에 맡겨 효율적인 물류활동을 도모코자 하는 기업의 노력이 반영된 것으로 풀이된다. 기업들은 주로 운송, 하역, 유통가공을 외부에 아웃소싱하고 보관 및 재고관리, 포장, 물류정보·관리는 직접 수행하는 것으로 나타났다.

제2절 e-Logistics의 추진현황과 국제 물류경로에의 적용

1. e-Logistics의 개념 · 특성 · 구성요소

1) e-Logistics의 도입배경

e-Logistics의 도입배경은 여러 가지 측면에서 접근할 수 있다. 첫째, e-Commerce의 확대가 상거래의 시공간적인 제약을 극복할 수 있는 이점에도 불구하고, 상품이나 제품의 오프라인 및 물류 인프라 구축이 e-Commerce 성공의 핵심 요소로 알려지면서 활성화 측면에서 적잖은 제약이 생기게 되었다. 물류인프라의 구축에 있어 통합성과 가시성을 확보할 수 있는 수단으로 e-Logistics가 도입되게 되었다. 둘째, 기업 간의 협업을 통한 공급체인관리가 중요시 되면서, SCM(Supply Chain Management)의 효율적 구현 방안으로 e-Logistics의 개념이 구체화되기 시작하였다.

셋째, 경영과 물류관리의 변화도 e-Logistics의 등장에 많은 영향을 끼쳤다. 과거의 경영 접근 방식이 단위 제품의 기능 개선이나 원가절감에 중점을 둔 반면, 최근에는 제품이 아닌 고객과 시장을 중심으로 한 전체 프로세스의 최적화로 인한 총원가의 절감에 중점을 두고 있다고 할 수 있다. e-Logistics의 등장과 함께 단순 물류 형태에서 다양한 형태가 출현하게 되었다. 이전의 단순 순 물류 형태에서 택배와 같은 JIT(Just In Time) 기반의 택배 서비스나 재활용 목적의 역 물류 형태로 발전해 가고 있으며, 다양한 물류 중개 서비스와 공동 물류 형태와 같은 선진형 물류 체계가 점차 증대되고 있다.

마지막으로 e-Logistics의 도입이슈는 물류의 아웃소싱에서 찾을 수 있다. 자사물류의 형태에서는 물류의 정보화라면 단순한 기업 내 물류정보시스템의 도입이나 활용을 통한 전자화수준이었다. 하지만 물류관리의 아웃소싱은 물류정보에 대한 흐름으로부터 화주기업을 소외시키는 단점으로 작용할 수 있다. 이러한 단점을 극복하는 수단으로 e-Logistics의 도입과 활용이 시도되고 있지만, 단순히 물류전문 업체의 전자적 서비스를 활용하는 것을 e-Logistics로 정의할 수는 없을 것으로 본다. 하지만 현재 e-Logistics가 도입 초기단계이기 때문에 e-Logistics의 정의를 협의의 개념인 화주기업과 물류제공업체와의 전자화 정도로 해석할 수 있으며, 앞으로 e-Logistics의 개념은 물류 관련 전자적인 수단을 관련 주체 간에 통합하는 개념으로 확대 될 것이다.

e-Logistics의 궁극적인 가치는 최적의 가격 및 신속성부여를 통한 고객의 니즈 에 부응하고, 물류이동의 가시성을 통한 고객의 신뢰성 확보하며, 공급사슬 지원을 통한 고객서비스의 향상과 재고관리를 통한 시간을 단축시키는 것이 목적이다. 결론적으로 전통적인 물류의 정보 움직임이 컴퓨터와 인터넷의 활성화로 인해 대상 지역이 무제한으로 광역화되었으며, 정보처리 기술을 기반으로 한 높은 수준의 물류체계 유연성 및 효율성을 요구하게 되었다. 이러한 정보기술과 물류관리의 접목이 e-Logistics의 등장배경이라 할 수 있다.

2) e-Logistics의 개념

e-Logistics에 대한 정의는 초기 연구 단계의 특징상 많은 문헌에서 보이고 있진 않지만, 최근 들어 정의수준에서의 연구들이 보이고 있다. 그러나 e-Logistics의 개념적 접근을 협의적인 측면과 광의적 측면으로 시각을 달리 함으로로써 e-Logistics에 관한 설득력 있는 정의가 확립되었다고 보기는 어렵다. 먼저 학자들에 따라 e-Logistics에 대한 정의를 어떻게 내리고 있는지에 관해 살펴보면, Liang-Jie Zhang et al.(2001)[13]은 e-Logistics의 통합과 관련한 연구에서 e-Logistics는 물류과정의 주체들에게 통합된 공급망 관리 서비스를 제공하고, 물류과정을 자동화하는 메카니즘으로 정의하고 있다.

또한 이용근(2004)[14]은 e-Logistics란 협의의 측면에서 보면 물류서비스 제공업체가 정보통신기술을 기반으로 다양한 부가가치 물류서비스를 온라인상에서 구현하여 공급망 관리 개념하에 화주기업의 물류 프로세스를 효율적으로 지원하는 활동이다. 또한 광의의 측면에서 e-Logistics는 IT 기반으로, 특히 인터넷을 기반으로 관련 주체들 간에 모든 물류활동을 온라인상에서 구현함으로로써 SCM 개념하에 물류 프로세스 수행을 효율적으로 지원하는 서비스라고 구분하여 정의하였다.

한편 이양우(2000)[15]에서도 물류서비스 제공자가 정보기술을 바탕으로 운송, 보관, 재고관리 등의 관련 소프트웨어 등의 다양한 부가가치 물류서비스를 온라인상에서 구현하여 온라인과 오프라인의 시간적 격차를 해소하고, 고객만족을 극대화하기 위한 공급체인 전체의 물류프로세스를 효율적으로 지원하는 활동이라고 정의하였다. 인터넷을 기반으로 하여 새로이 형

---

13) Liang-Jie Zhang,Pooja Yadav, and Hery Chang(2001), "An E-Logistics Processes Integration Framework Based on Web Services," ELPIF.

14) 이용근(2004), "글로벌 물류의 전략적 틀의 형성에 관한 연구", 「물류학회지」, 제14권 제1호, 한국물류학회.

15) 이양우(2000), "국내 기업의 물류정보시스템 활용도에 관한 실증적 연구", 「물류학회지」, Vol.10, No.1, 한국물류학회.

성되고 있는 가상의 물류기업 활동 및 서비스 체계를 e-Logistics로 정의하기도 하는데 결론적으로 볼 때, e-Logistics는 정보통신 네트워크를 기반으로 화주기업과 물류기업 간 물류활동 중 상품의 실물적인 취급활동(수·배송, 보관, 하역 등)을 제외한 다양한 물류서비스를 온라인에서 구현하여 공급망 관리(SCM; Supply Chain Management) 개념하에 관련 비즈니스 프로세스를 효율적으로 지원하는 활동이라고 할 수 있다.

e-Logistics의 의미는 기존의 물류의미와 비교해 볼 때 더욱 명백히 구별되는데, 요약하면 〈표 2-4〉와 같다. 〈표 2-4〉에서도 볼 수 있듯이 e-Logistics는 기존의 전통적인 물류와 비교하여 특히 관리범위와 정보차원에서 많은 차이를 볼 수 있다.

〈표 2-4〉 기존의 물류와 e-Logistics의 개념 비교

구 분	기존의 물류 개념	e-Logistics 개념
제 품	정형화된 제품	다양한 제품
지 역	제한된 지역	무제한 광역화
물류주체	개별주체	물류 관련 주체 간의 유기적 결합
관리범위	개별 기업/공급망	e-Market Place
정 보	단계별 실물 추적과 단위기업별 정보시스템	주문의 통합 추적과 Market Place 통합 정보시스템
핵심역량	비용과 효율	서비스와 차별화
정보화 형태	기업자체의 정보화 수단	전자적 연결성을 위주로 한 온라인 화

자료: 이제현(2003), "e-물류가 국제 물류의 협력관계에 미치는 영향에 관한 실증연구", 「국제상학」, 제18권 제2호, 한국국제상학회를 참조로 추가구성.

e-Logistics로의 전환의 직접적인 동인은 물류산업 내의 공급망 관리(SCM) 필요성의 증대와 IT 기술의 활용 증가라고 할 수 있으며, 외부적인 요인들로는 소비자환경의 변화로 인한 니즈와 국제 경쟁 환경의 변화에 있다고 할 수 있다. 아직까지 e-Logistics의 연구는 개념정의 수준에 머물고

있어 산업전반에 확대되어 있다고 보기는 어려우나 일반적으로 e-Logistics는 인터넷을 기반으로 하는 물류서비스라고 정의할 수 있다.16) 좀 더 확대된 개념으로는 정보통신네트워크를 바탕으로 화주기업과 물류주체 간의 다양한 물류서비스를 온라인상에서 구현해주는 시스템이라 할 수 있다.

인터넷의 활용과 전자상거래의 확산으로 상거래의 많은 부문이 전자적 방식으로 간편하게 이루어지고 있으나 물류부문은 인터넷을 통한 물류정보 부문과 실물의 이동상황이라는 불일치 측면이 여전히 존재하고 있다. 이러한 e-Business를 통한 정보의 신속성과 속도감은 고객으로 하여금 보다 빠른 정보를 요구하고, 물류정보와 실물의 일치성을 요구하게 한다.

이러한 관점에서 물류의 개념도 완성품을 고객에게 인도할 때까지 보관하고 수송하는 의미로 사용되기 시작해서 지금은 기업이 취급하는 물자의 흐름과 정보흐름을 보다 넓은 관점에서 통합하는 의미로 사용되고 있다. 이러한 재화와 정보의 동일성을 확보하는 데 중요시되는 부분이 e-Logistics의 가장 중요한 필요성이라 할 수 있을 것이다.

〈표 2-5〉는 e-Logistics에 관한 그동안의 연구자에 따라 달리 정의된 내용들을 광의와 협의로 분류한 것이다. e-Logistics에 관한 정의가 연구에 따라 조금씩 상이하여 연구의 범위를 결정하는 데 있어 본 연구의 정의는 광의의 주체를 선택하기로 하였다. 이는 앞으로의 e-Logistics의 발전 방향이 단순한 물류전문 업체의 제공과 화주기업의 활용이 아닌 관련 주체 간의 유기적인 네트워크를 형성하여 효율성을 높이는 방향으로 발전할 것으로 보고, 관련 주체도 확대하고, 사용되는 e-Logistics 수단도 인터넷으로 한정하기보다는 관련 시스템을 모두 활용하는 연계의 개념으로 확대하여 예상할 수 있기 때문이다.

본 연구에서는 e-Logistics의 개념을 확대하여 정보통신기술을 활용한 물류 관련 주체들 간의 효율성을 목적으로 한 전자적 연결이라고 정의하기로 한다. 하지만 정의 부분에 있어 타 물류 관련 정보기술과의 의미상의 혼돈

---

16) 한국해양수산개발원(2001), 「21세기 글로벌 해운물류」, 도서출판 두남, pp.69-70.

이 있을 수 있다. 이를 보완하기 위해 e-Logistics의 범위를 확대하여 물류 관련 주체들의 정보통신기술을 활용한 물류정보 관련 시스템의 유기적 통합으로 해석하고자 한다.

<표 2-5> e-Logistics의 정의에 관한 분류

범 위	연구자	정 의	관련 주체	e-Logistics 수단
광의의 의미	Liang-Jie Zhang et al	물류주체에게 공급망 관리 서비스 제공	물류주체 모두	온라인
	이용근	IT를 기반으로 물류주체의 물류활동을 온라인으로 구현	물류주체 모두	IT
	Johnson & Vital	컴퓨터와 정보통신을 이용한 당사자 간 물류정보 교환방식	물류주체 모두	컴퓨터와 정보통신
	이제현	각종운송수단의 효율적인 연결을 통한 시간과 비용절감	국제 물류주체	국제 물류주체의 전자적 연결
	Kalakotla & Whinston	표준화된 업무서류와 자료를 수출기업의 물류과정에 참여한 당사자 간에 교환하는 방식	국제 물류 주체	인터넷, EDI, 소프트웨어
	김진환	선적부터 추적, 착화통지까지 활용하는 물류서비스	운송서비스의 당사자	인터넷 온라인
협의의 의미	박홍균	전문물류업이 물류서비스를 온라인상에서 구현	화주, 물류업체	인터넷 온라인
	권오경 (2000)	전문물류업이 화주기업의 물류프로세스를 지원하는 활동	화주, 물류업체	인터넷 온라인
	이용우 (2000)	물류서비스 제공자가 물류프로세스를 효율적으로 지원하는 활동	화주, 물류업체	관련 소프트웨어, 온라인
	김종칠 (2002)	화주기업과 물류기업 간 물류활동 지원하는 활동	화주, 물류업체	정보통신

3) e-Logistics의 특성

앞서 언급한 바와 같이 e-Logistics에 관련된 연구는 개념적 수준에서 머물고 있어, e-Logistics의 특성과 활용에 관한 연구는 많이 진행되지 않고 있다. e-Logistics의 특징에 관한 탐색은 정확한 변수 도출을 위한 선행 작업이 요구되는 부분이며, 기존의 물류서비스와 비교하여 몇 가지 상이한 특징을 가지고 있다. 이것은 e-Logistics가 물류서비스 과정에 유용한 IT 기술을 도입하고, 각 물류주체를 전자적인 수단에 의해 연결되어야만 가능한 서비스이기에 도출되는 특징일 것이다. e-Logistics의 탐색적 특징들을 보면 다음과 같다.

(1) 혁신성

e-Logistics는 혁신특성을 띠고 있다. Rogers(1995)[17]는 혁신을 "그것을 채택하는 개인이나 다른 단위에 의해 새로운 것으로 인식되는 아이디어, 업무, 사물로 정의"하였다. e-Logistics는 기존의 물류서비스에 비하여 단순한 또 하나의 물류 형태가 아닌 물류 산업 전반에 걸친 프로세스와 관계당사자의 혁신을 요하는 부분이다. 화주기업은 물론 물류전문 업체, 관련 정부나 기관 그리고 물류거점과 물류 중개기관 등 물류와 관련된 모든 이해당사자의 프로세스의 근본적인 개선을 필요로 하는 혁신적 사안인 것이다. 또한 수십 년간 행해져온 오프라인상의 물류와 관련된 관행을 온라인 프로세스에 적합하도록 근본적인 개선을 요하며, 이 과정에서 관련 기업 및 기관의 인적·물적 조정을 필요로 하기 때문이다.

---

17) E. M. Rogers(1995), "The Diffusion of Innovations," 4th ed., The Free Press, New York, NY.

(2) 조직 간 정보시스템

최근기업들 사이에서는 경쟁우위를 확보하고 운영의 효율성을 달성하기 위한 기업 내 및 기업 간 전자적 연결 현상이 두드러지게 나타나고 있다. 경로기관 간의 전자적 연결이란 둘 이상의 경로기관들이 컴퓨터 네트워크를 통해 정보를 공유하거나 거래를 처리할 수 있도록 상시 또는 수시로 접속하여 사용하는 상태로 정의할 수 있다.

Barret & Konsynski(1982)[18]의 정의에 따르면, 조직 간 정보시스템이란 둘 혹은 그 이상의 조직들 간의 자원의 공유에 관계하는 시스템들을 가리키는 일반적인 용어로 정의하고 있다. 과거의 전통적인 물류서비스가 물류 대상인 제품의 안정성이나 신속성 혹은 지역적 축소에 목적이 있었다면, e-Logistics는 전통적 물류에서 발생하는 물류에 대한 정보를 전자적 방식으로 교환함으로써 화물과 물류정보의 일치성을 추구하고, 보다 나은 물류서비스를 제공하는 것이 목적이다.

따라서 e-Logistics는 인터넷을 비롯한 정보시스템의 구현이 필수적인 요소라고 할 수 있으며, 서로 독립된 조직 즉 물류이행당사자 간에 구축되어 운영되어지는 조직 간 정보시스템의 성격을 지니고 있다.

(3) 전자적 연결성

인터넷의 폭발적인 증가로 인해 물류주체들 간의 구매, 지불, 인도 등에 따른 정보공유와 가시성 확보가 가능해 졌다. Sanders & Premus(2002)[19] 에서는 기업 간의 상호작용의 특징이나 양을 결정하는 IT의 유형은 소비자, 공급자, 그리고 거래 파트너를 갖는다고 하였다. 기업들 간의 전통적인 전자

---

18) S. Barret and B. R. Konsynski(1982), "Interorganizationl Information Sharing System," *MIS Quarterly*, vol.6, p.95.

19) Nada R. Sanderson and Robert Premus(2002), "IT Application in Supply Chain Organizations: A Link Between Competitive Priorities and Organizational Benefits," Journal of Business Logistics, Vol.23, No.1.

적 연결의 예로는 주문품을 중심으로 결제 구입에서 설계, 개발, 유지까지 상품의 라이프사이클 전반에 걸쳐 사용되는 CALS(Commerce at Light Speed) 및 무역거래를 중심으로 한 EDI(Electronic Data Interchange), 식품산업에서의 ECR(Efficient Customer Response), 의류업계에서의 QR(Quick Response) 등을 들 수 있다. e-Logistics가 경로기관 간의 전자적 연결성을 지니는 이유는 다음 두 가지 이유로 설명할 수 있다. 첫째, e-Logistics는 다양한 관련 주체들이 전자적으로 연결되어 물류정보탐색과 통관/결제에 이르는 모든 물류 관련 업무를 수행할 수 있을 때 가장 큰 효과를 발휘할 수 있기 때문이다. 둘째, e-Logistics는 언제 어디서나 물류 관련 업무를 전자적인 수단에 의해 처리할 수 있다는 측면에서 전자적인 연결성을 갖는다고 할 수 있다. e-Logistics는 물류 관련 주체를 전자적인 수단에 의해 보다 효율적인 연결이 가능하게 하는 수단인 것이다.

(4) 공공성

e-Logistics의 도입은 정부 투자지원 측면에서 볼 때 매몰비용[20]적 성격과 공공재[21]적 성격을 들 수 있다. e-Logistics가 성공적으로 물류서비스 전반에 걸쳐 적용되기 위해서는 물류이해 당사자들의 e-Business화, 정부나 기관의 IT화 등이 체계적으로 고려되어야만 가치창출이 가능해 질 것이다.

이것은 단순히 e-Logistics가 이해당사자의 개별차원이 아닌 B2B 특성뿐만 아니라 G2B나 G2G의 성격을 가지고 있어 기업과 산업의 연계와 통합을 요하고 있기 때문이다. 이러한 산업 전반적인 관련 당사자의 전자화를 요하기 때문에 e-Logistics는 공공적인 특성을 지닌다고 할 수 있다.[22]

---

20) 매몰비용(sunk cost)은 일단 지출된 다음에는 회수할 수 없는 비용으로 경제학에서는 이 매몰비용은 의사결정에 영향을 미치지 않아야 되며 회수할 수없다는 것은 다른 용도로 이용할 수없다는 것을 의미.

21) 공공재는 공공소비성의 원칙을 갖는 특성 때문에 이들 재화가 시장기구에 의해서는 충분한 공급을 기대하기 어려우므로 일반적으로 공공부문에 의해서 공급되게 된다.

(5) 국제성

물류의 기준을 국경에 둔다면 국제 물류와 국내 물류로 나눌 수 있을 것인데, 요즘과 같이 국제시장 간의 교류가 활발하고 국내처럼 무역의존도가 높은 나라일수록 물류에 있어 국제 물류의 비중은 매우 중요한 부분이다. 특히 수출의존도가 높고 무역의 형태가 가공무역형태라면 그 국가의 기업은 경영의 다각화와 국제화, 해외 판매거점의 충실, 해외생산거점의 확대, 자원의 획득에 노력을 기울여야 할 것이다. 따라서 그런 기업이라면 국제 물류의 필요성이 보다 높을 수밖에 없다.

국가 간의 교역이 확대되면서 범세계적인 제품의 이동과 자재관리 등의 기능을 수행하는 국제 물류의 기능도 점차 그 중요성이 부각되고 있다. 이러한 국제 물류관리는 근본적으로 국내 물류관리와 유사하나 국제적인 기능을 수행함에 따라 새로운 수송형태나 제도, 관습의 장벽, 재고 및 포장, 정치적인 문제 등의 국제화에 따른 추가적인 문제를 고려하여야 한다.[23] 따라서 국내 물류나 국제 물류를 막론하고 e-Logistics의 필요성은 증가되고 있고, 특히 국제 물류에 있어서도e-Logistics의 활용은 절실한 부분이라 할 수 있다.

(6) 물류관리특성

e-Logistics는 기업이 동 시스템을 수용하는 데 있어 물류관리적 특성과 IT특성을 모두 고려해야만 한다. e-Logistics를 IT적 측면에서만 접근한다는 것은 기업의 특성을 전혀 고려하지 않은 해석일 것이다. Bowersox et al(1989)[24]에 의하면 물류전략계획이 수립되어 있는 기업은 우량기업이며,

---

22) 이용근·김승철·정재우(2004), "전자무역의 활용수준과 성과 영향 요인에 관한 연구의 종합분석", 「통상정보연구」, 제6권, 제1호, 한국통상정보학회.

23) Philips. B, Schary,(1984), Logistics Decision, *Drygen Press*, pp.390-398.

24) D. J. Bowersox, Daugherty, P., Droge, C., Rogers D., and Wardlow, D.(1989), Leading Edge Logistics: Competitive Positioning for the 1990s.

우량기업은 일반기업에 비해 첨단장비를 신속히 받아들인다고 하였다. 이러한 연구의 검토결과 물류전략계획의 수립 정도가 높은 기업이 더 많은 첨단장비를 받아들일 것으로 볼 수 있을 것이다. 따라서 e-Logistics는 IT적 성격과 함께 기업이 물류의 중요성을 얼마만큼 인지하고 준비된 조직과 전략을 더욱더 많이 확보하였는가에 따라 달라질 수 있으므로 물류관리특성적인 측면이 강하다고 볼 수 있다.

(7) 외부성

앞서 물류아웃소싱에서 언급한 바와 같이 수출입기업들은 종합적인 일괄물류서비스를 조달할 수 있는 제3자 물류업자를 요구하고 있다. 그러나 제3자 물류업자를 이용한 물류아웃소싱이 활발해 지더라도 화주기업과 물류전문 업체와의 정보시스템을 통한 연계가 이루어지고 있지 않기 때문에 화물흐름에 대한 정보가 단절되고 있는 것이 큰 문제점으로 지적되고 있다. 따라서 물류아웃소싱 부문에 있어 정보시스템의 활용이 증가하고 있는 것은 고무적인 사실일 것이다. 이상과 같은 이유로 e-Logistics의 활성화에 있어서 제3자 물류업체의 역할이 중요시 되고 있다. 또한 이러한 추세는 물류아웃소싱과 물류전자화를 같은 시각에서 바라보아야만 하는 이유가 되는 것이다.

앞으로의 e-Logistics의 활용은 외부업체로의 아웃소싱의 형태나 물류업체의 제공서비스를 기업이 활용하는 형태가 주축을 이룰 것으로 볼 때 e-Logistics의 활성화에는 외부성 측면을 고려해야만 한다. 앞으로의 e-Logistics 서비스는 물류전문 업체의 제공과 하주기업의 활용형태로 진행될 것이기 때문이다.

4) e-Logistics의 구성요소

e-Logistics의 구성요소는 주체를 어디에 두느냐에 따라 여러 가지의 형태로 나뉠 수 있다. e-Logistics를 활용하는 물류주체를 중심으로 구성요소를 생각해 볼 수 있으며, 또한 e-Logistics가 제공 가능한 기능별 구성요소를 대상으로 하여 구분할 수 있을 것이다. 또한 국내 물류와 국제 물류로 구분하여 물류경로별로 단계를 구분하여 구성요소를 분류할 수 있다. e-Logistics의 구성요소를 주체별로 구분하여 정리하면 〈표 2-6〉과 같다.

<표 2-6> 주체별 e-Logistics의 구성요소

구 분	내 용
물류주체별 구성요소	• 화주기업 • 물류전문 업체 • 정부나 기관 • 물류정보의 중개기관
기능별 구성요소	• 운송 관리 시스템 • 창고 관리 시스템 • 위치 추적 및 조회시스템 • 문서 및 정보 관리시스템 • ULS 및 바코드 시스템
경로별 구성요소	• 국내 물류 • 국제 물류

자료: 이제현(2003)과 정보통신부(2002)를 중심으로 재구성.

e-Logistics를 구성하는 기능적 요소로는 화물의 현재 상황이나 위치를 실시간으로 파악할 수 있는 위치 추적, 조회 시스템, 고객의 재고를 판매업자나 유통업자가 관리하는 VMI(Vendor Managed Inventory: 판매자 재고관리) 시스템, 창고, 운송관리 시스템 등이 있다. 운송관리 시스템(Transportation Management System)은 실시간으로 배차계획을 만들며 차량 할당, 운송계

획, 차량 경로 최적화 등을 위한 시스템으로 정확도를 높이기 위해 위치 추적 조회 시스템의 지원을 필요로 한다.

창고 관리 시스템(Warehouse Management System)은 전체 공급 사슬에 적합하도록 창고 관리업무를 재설계하면서 단위 시간당 작업량을 높이는 것을 목적으로 하는 시스템이다. 위치 추적 및 조회 시스템(Track and Trace System)은 제품의 현재 상황이나 위치를 실시간으로 파악하여 화물 흐름을 조정하고 그 정보를 고객에게 제공하기 위한 시스템이다. 최근 택배 업체나 인터넷 쇼핑몰이 제공하는 기능으로 주문한 제품의 운송 상태를 인터넷으로 알려주는 것이 대표적 예이며, 특히 물류 흐름 중 예측하지 못한 상황이 발생했을 경우 이를 고객에게 즉시 알려주는 특이상황 보고(exception-based reporting)는 고객들에게 중요한 정보가 될 수 있을 것이다.[25]

앞서 살펴본 e-Logistics system 기능별 활용내용은 정보통신부에서 제시하고 있는 표준화 관리대상을 항목으로 하여 e-Logistics와 관련한 일련의 활동을 5개 시스템으로 구분하였다. 또한 5개 시스템을 효율적으로 수행하기 위한 e-Logistics 관련 세부 내용들은 〈표 2-7〉의 e-Logistics의 기능별 구성요소와 같다.

---

25) 정보통신부(2002), 「e-logistics 관련 표준화 및 기술개발 정책 개발」, 정보통신부.

<표 2-7> e-Logistics의 기능별 구성요소

구 분	내 용	기능별 구성요소
운송 관리 시스템	화물배차-운송완료 전 과정 유·무선 시스템을 통해 통합	-실시간 운송의뢰 및 접수기능 -운임, 물량, 화주, 화물 관련 각종 계약 조회기능 -차량배차 및 정보 확인 기능 -차량운행 및 화물 수송상황안내 기능 -차량 위치, 공차의 Status 제공기능
창고 관리 시스템	창고 관리 업무 재설계통해 단위 시간당 작업량을 높이는 것을 목적으로 하는 시스템	-발주관리 기능, -입고관리 기능 -주문관리 기능, -출고관리 기능 -작업 Tracking(단계별 작업 추적 기능), -관리정보 제공 기능 -보안관리 기능, -자동화 설비관리 기능
위치 추적 및 조회시스템	고객서비스와 이동중인 화물을 통제하고 관리하는 시스템	-실시간 차량위치추적 및 정보제공 기능 -수·배송 알선 및 조회기능 -화물 차량군 관리 기능-실시간 최적 운행 제공기능
문서 및 정보 관리시스템	이동경로/화물의 프로필과 운송계획/출항계획 정보를 보다 효율적으로 통합	-전자문서 교환 기능 -D/B 및 데이터 관리, -보안 및 인증기능 -Web 구현 및 컨텐츠 관리 기능
ULS 및 바코드 시스템	e-Logistics활동의 매개체 기능 담당, 표준화	-e-Logistics 관련 활동에서 가장 기본이 되는 시스템으로 제품이나 화물의 단위 용기 및 정보의 최소 단위

자료: 정보통신부, "e-logistics 관련 표준화 및 기술개발 정책 개발"을 참조로 재구성.

본 연구에서는 e-Logistics의 기능적 구성요소를 활용도에 적용하여 연구하고자 한다. 물류주체들이 물류경로에 따른 e-Logistics를 이용함에 있어 기능적으로 어떠한 부분을 활용하고 있는지에 관해 적용하기로 한다. 따라서 본 절에서의 구성요소로는 기능적 분류의 적용이 적절할 것으로 본다. 그 이유는 기업이 국제 물류를 행함에 있어서 물류 이행의 전체 단계와 절차별 e-Logistics의 기능을 적용하여 대상으로 삼는 게 올바른 방법이나 기업의 화물 종류나 크기, 운송방법에 따라 물류의 절차단계와 방법이 동일하지 않고, 물류와 e-Logistics의 기능별 특성상 물류의 단계별로 기능이 반복될 수 있으며, 아직까지 국제 물류단계와 e-Logistics 활용을 단계별로 적용시키기에는 e-Logistics의 활용이 활성화되지 못해 국제 물류의 절차와는 별개로 기업의 e-Logistics의 기능에 대한 활용여부로 연구의 범위를 한정한다.

<그림 2-4> 물류관리하의 정보흐름

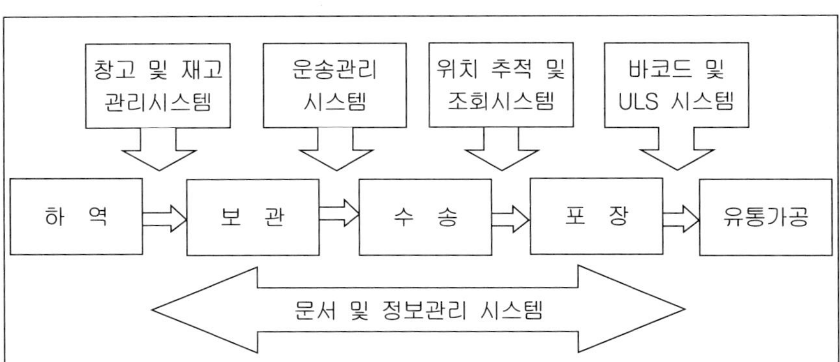

자료: 정보통신부(2002), 「e-logistics 관련 표준화 및 기술개발 정책 개발」, 정보통신부.

따라서 〈그림 2-4〉에서 볼 수 있는 물류기능상의 정보흐름에 관한 전체 프로세스를 효율적으로 지원·관리 하는 활동에 e-Logistics의 기능적 요소를 얼마나 활용하고 있는지의 여부가 본 연구의 활용도에 적용될 것이다.

2. e-Logistics 추진현황

1) 국내 물류정보화 사업 추진 현황

국내 물류정보화 사업 추진 현황은 본 연구에서 e-Logistics 도입과 활성
화에 큰 역할을 한다는 측면에서 다루어져야만 한다. 국내 물류산업의 정
보화 정도는 연관 산업인 유통업과 제조업에 비하여 전반적으로 미흡한 수
준에 있으나, 최근 B2G 기반의 물류정보화에 정부차원의 노력이 가시적으
로 나타나고 있다. 국내 물류정보화 정도에 관한 내용은 〈표 2-8〉과 같이
제조업과 유통업이 물류업에 비해 전 과정 전산화가 진전된 상태에 있으
며, 부분적 전산화는 고르게 분포되어 있다. 하지만 전반적으로 볼 때, 물
류업의 전산화가 타 분야에 비해 저조한 것으로 조사되었다.

<표 2-8> 국내 물류정보화 정도　　(단위: %)

업종별	전 과정 전산화	부분적 전산화	전산화 부재
전　체	26.3	58.0	15.7
제조업	28.8	57.1	14.1
유통업	32.9	64.4	2.7
물류업	12.8	56.0	31.2

자료: 대한상공회의소, 「99기업의 물류관리실태」, 2000.

특히, 표준EDI, 물류바코드 등 물류정보화 기반요소의 보급 및 활용 부
족으로 화물의 장기체류, 공차운행 등의 사례가 많이 지적되고 있다.

<표 2-9> e-Logistics 주요 사업

물류주체 간 지리적 영역	물류정보 교환(생성과 유통)				부가서비스
	B2B	B2G	G2G	B2B2G	
국내 물류	- 물류정보시스템 사용을 위한 ASP 개발 및 보급 - 중소영세물류업체의 정보화 수준 고도화 정책 수립	- 산업단지의 물류거점으로의 육성방안 구축 - 보세창고 및 내륙 물류 기지와의 정보네트워크 연계 방안 구축	-	- 공차정보 pool 형성 및 네트워크 연계고도화 방안 수립	- 물류정보화진단 Tool 개발 및 적용 - 운임정보 제공 방안수립 - 물류전문가 상담 DB구축 - e-HS Code DB 구축 및 활성화 - 해외영역을 포함하는 화물추적서비스 제공 - 최신물류정보기술 정보 DB 구축 - 물류장비, 시설 정보 DB구축 - 물류전문인력 DB 구축
수출입물류	- 기구축 B2G 공공정보인프라와 B2B, e-mp 연계 - 항공사와 선사와의 B/L 정보 공유 체계 수립 - 환적화물 DB 및 연계체제 확립 - 항공사 창고 및 포워더 창고와의 연계시스템 구축	- 환적물류의 일괄처리 업무 체계 확립 - 관세자유지역의 정보화영역 발굴 및 보세창고와의 정보 연계방안 수립 - D/O의 전자화 기반확립 - 다양한 화물관리 체계 및 선진 화물 관리기법 도입 및 적용 - 위험화물 종합관리 시스템 구축 - 단일 온라인 물류 행정 서비스 체계구현	- 정부부처 간의 상호 스템 연계방안구축 (연계 필요 정보 정의, 서식 항목 등 수용,관계법률 제도화, 선진물류정책도입 및 적용방안 수립) - 지역별 세관 간 정보 연계 체계 구축 - 타국 세관 간의 화물통관 정보 연계방안 수립	- 최적화물 운송 경로서비스 제공방안 구축 - RFID 업무 표준화 및 비즈니스 모델 수립 - RFID 산업별 적용전략 수립 - 통합물류업무 프로세스 표준화 기반확립 - 부처별 중복 서류제출 단일화를 위한 통합서식 구현 - 수요자중심의 국가통합물류정보망 구축	
해외물류	- 해외물류 B2B e-mp 연계방안 수립 - SCM 솔루션 지원정책 수립 - SCP ASP 서비스 제공방안 수립	- 현지필요 물류정보 정의 및 서비스 제공 방안 수립	- TCR/TSR 연계 수송 시스템 및 국제 연계수송을 위한 인터페이스 구축	- Global e-logistics 커뮤니티연계 방안수립 - 국가SCM 구축 로드맵 및 추진 전략 구축	

자료: 권경섭·한기훈(2003), "우리나라 국가 물류정보화 현황 및 과제연구", 「로지스틱스연구」, 제11권 제2호, 한국 로지스틱스학회.

특히, 창고관리시스템(WMS), 운송관리시스템(TMS), 위치추적시스템 (GPS) 등 물류관리를 위한 솔루션의 설치 및 운용이 부족한 게 현실이다. 물류정보화 사업은 그동안 관세청과 해수부(구 항만청)를 기반으로 하여

48

활발히 진행되어 왔다.

<표 2-10> 정부부처 및 관련 기관별 물류정보화 추진현황과 계획

구 분	물류정보화 사업 추진
정부혁신 지방분권 위원회	−이용자 중심의 물류 일괄 처리서비스업무 일괄처리서비스 제공(물류 흐름 전반에 대한 수출입기반 물류 제공, 물류주체, 유관과 상호 연계) −물류주체·물류거점 및 분야별 물류정보시스템 고도화(물류정보의 웹 기반전환, 물류 거점 정보화, 유무선 통합의 물류정보서비스 제공)
동북아 경제중심 추진위원회	−공항, 항만 물류정보화 완성도 제도 −화물 운송시스템의 표준화 및 정보화 추진 −물류정보 연계, 통합 시스템 구축(물류거점·주체별 연계, 금융·보험·해외 물류망 연계) −국가 기간 물류 DB 구축 −영세 물류업체 정보화 지원 및 정보화 격차 해소
산업자원부	−산업물류혁신 전략 수립 및 진행(2003)−표준화, 종합물류기업 육성 등 산업부문 물류업종 B2B 추진(01~04) −수출입산업단지 정보화 추진(물류기능 포함) −전자상거래 부문 정보화 사업(e-WMS, SCM 지원사업)
건설교통부	−국가물류 기본계획 수립 및 진행(2001) 글로벌 물류, 고객맞춤물류, 매끄러운 흐름물류, 인터넷 기반의 가상공간 물류, 시장경제원리에 충실한 개방물류, 녹색물류 −종합물류망 사업 3단계 진행
해양수산부	−일반부두 정보화 사업 −부산항 e-비즈니스 기반의 항만물류시스템 설계 및 동북아 협력사업 진행 −해운 항만 물류정보센터(SP-IDC)구축 추진('03~05)
관세청	−수출입 통관 및 화물관리시스템의 전자무역망과 연계추진 −통관/무역 포털 서비스 체제 구축 추진('03~05)
철도청	−KORIS, 부산지역 CY 게이트 자동화 등 추진
검역기관	−동물, 식물, 식의약품, 수산물 검역정보화
출입국 관리국	−국내·외 입출국 정보화

자료: 권경섭·한기훈(2003).

내용으로는 정부기관 중심의 입·출항, 통관 효율화 등이 있으며 내부 업무프로세스 효율화 및 기관 간의 서류업무 축소에 집중되어 왔다고 볼 수 있다.[26] 〈표 2-9〉는 그간 정부가 중심이 되어 추진한 주요 사업을 정리한 것인데, 표에서 보는 것과 같이 수출입 영역의 B2G부분이 많이 차지하고 있다.

수출입 부문의 B2G가 활발히 전개된 이유는 화물이 선박, 항공기 등 다양한 운송수단을 통해 국경을 넘어가는 국가 간의 거래 영역에 해수부, 건교부, 관세청 등의 정부부처와 관련 기관이 물류정보 부문 간에 하나의 주체로서 관여하고 있다는 데에서 비롯되었다.[27] 〈표 2-10〉은 국내 정부부처 및 관련 기관별 물류정보화 추진현황과 계획에 대한 내용을 부처별로 구분하여 정리한 것이다.

2) e-Logistics 활용사례

Fedex의 경우 온라인 고객서비스는 3가지로 나눌 수 있다. FedEx Powership은 1982년에 도입되었는데 대형 고객을 대상으로 하며 전용터미널 이용, 자동 선적 시스템, 화물 트래킹, 요금계산 등의 서비스를 제공하였다. FedExShip은 1995년에 도입되어 빈도수가 낮은 중형 고객을 대상으로 pc를 이용하여 배달 상황을 확인할 수 있는 서비스를 제공하였다.

FedEx의 InterNetShip은 1996년에 도입되어 일반 고객을 대상으로 FedEx 직원의 도움 없이도 스스로 웹에서 선적 서류 준비, 집배요청, 배달상태 확인

---

26) 1992년 산업자원부에서 추진한 무역자동화 사업은 무역업무 처리 시 필요한 서류를 전자화 함으로써 서류작성 처리에 소요되는 시간을 대폭 절감하였으며, 2003년 11월부터 시행하고 있는 수출입물류 중심의 국가물류정보화 체계 혁신 BPR/ISP 사업 또한 물류 관련 기관 간에 서류업무를 일괄적으로 처리할 수 있는 정보시스템 구축에 그 초점을 두고 있음(국가물류정보화 사업추진 기획단, 2003).

27) 권경섭·한기훈(2003), "우리나라 국가 물류정보화 현황 및 과제연구", 「로지스틱스연구」, 제11권 제2호, 한국로지스틱스학회.

을 위한 서비스를 제공하고 있다. FedEx는 화물 배송의 전 과정을 위성 통신을 이용한 거대 컴퓨터 시스템인 초특급 Super Tracker라는 휴대용 컴퓨터로 진행하며 실시간 추적 시스템은 통신 위성과 연결된 추적 시스템인 COSMOS로 화물의 선적부터 배달까지 전 과정을 추적한다. FedEx는 이러한 정보 시스템의 도입으로 업무 자동화로 인한 큰 폭의 인력 절감과 고객 문의 시간의 단축으로 운영비용의 감소, 고객서비스 향상과 같은 효과를 얻고 있다. FedEx의 정보화 전략의 시사점으로는 온라인 서비스는 오프라인 기반 하에서 시너지 효과를 누릴 수 있다는 점과 e-Commerce 기업 간의 제휴 및 긴밀도를 강화하여 보다 큰 효과를 얻을 수 있었다. 또한 매년 10억 달러에 이르는 정보기술에 대한 과감한 투자로 업계에서 지속적인 경쟁력을 유지할 수 있었으며, 정보기술 관련 투자는 온라인과 오프라인을 연결하는 가장 중요한 매개 고리임을 보여주고 있다.

또한 UPS는 핵심 역량인 물류 능력을 바탕으로 모든 e-Business 업체들의 물류파트너로 선택된다는 전략을 수립 추진하고 있다. 이 전략의 결과로 온라인 구매자의 55%가 UPS를 선호하고 있으며, 단순한 물류 대행사에서 e-Business를 수행하는 기업들을 대상으로 솔루션 회사를 지향하고 있다. 또한 새로 진입한 e-Business 업체들에게 솔루션을 제공하고 벤처 캐피탈의 역할도 수행하고 있다.

국내 사례로는 한솔 CSN, 조흥은행, 삼성화재의 e-TMP를 들 수 있다. e-TMP[28]는 화주를 대상으로 물류보험 협상 결제 기능을 인터넷상에서 통합 서비스하는 마켓플레이스이다. 화주는 조흥은행 인터넷뱅킹을 통해 물류비용, 보험료 검색, 온라인 신청, 온라인 결제 등을 일괄적으로 지원받을 수 있어 물류 업무로 인해 발생되는 서류를 인터넷으로 간편하게 처리할 수 있다. 또한 선적한 화물의 위치를 인터넷에서 트랙킹(Tracking)할 수 있도록 제공하고 있는데, 이 서비스는 국내 취항 선사, 항공사를 통해 선적된 화물의 도착정보를 운송장 번호(B/L No.)와 컨테이너 번호만으로

---

28) http://www.e-tmp.logisclub.com

확인할 수 있는 트랙킹 서비스이다.

이러한 e-Logistics 서비스 제공은 해운업의 e-Logistics 사업[29]에도 적용되어 현대상선과 한진 해운의 해운 관련 인터넷 포탈 사이트 구축에 참여한 합작사로서는 현대상선, 한진 해운, APL, CP Ship, K-Line, MOL, Senator, ZIM, Yangming 등 주요 12개사와 미국 소프트웨어 업체 TRADIANT사가 참여했다. 해운 포탈 사이트 구축으로 화주는 수송지역과 수송시간을 입력하면 가장 적합한 해운사의 스케줄을 선택하여 운임 협상, 예약, B/L발급, 화물추적 등이 이루어지는 One-Stop Shopping이 가능하여 수작업이나 서류의 생략으로 시간과 비용을 크게 절감시킬 수 있다. 해운사의 경우 온라인상에서 화물 위치를 추적하고, 각종업무를 처리할 수 있으며, 이외에도 화주와 선사의 정보 및 통계자료 등을 제공할 수 있게 된다.

3. 국제 물류경로와 e-Logistics의 적용

1) 국제 물류의 중요성

기업의 국제화라는 용어는 세계화 추세에 따라 자주 접하게 되지만, 이에 대한 일치된 견해나 학문적 정의가 내려지지 않은 상태이다. 여러 학자들의 주장을 종합해 볼 때 기업의 국제화란 기업이 보유하고 있는 내부자원을 해외로 이전하여 현지시장에서의 개입 정도를 점진적으로 높이고, 기업성장의 기회를 국내·외적으로 달성하기 위한 기업전략의 변화과정이라고 할 수 있다.

최근 국가 간의 거래가 확대되면서 원재료, 부품, 반제품의 조립과 제품의 국제운송이 증가하고 있고, 무역 관련 업체들은 수출에 필요한 원자재와 제품을 반수 이상 해외에서 조달하고 있다. 또한 경제적 의미의 국경이

---

29) http://www.gtnexux.com

희미해지면서 수출입업체의 국제 진출이나 해외직접투자와 다국적기업의 본 지사 간의 거래가 급증하고 있어, 국제 물류관리의 중요성이 더욱 증가하고 있다.

또한 세계경제가 포화상태가 되면서 고객의 욕구는 고도화, 다양화, 개성화되고 있으며, 소비자의 욕구 변화는 상품 종류의 다양화, 단위 상품당 수요의 세분화, 제품 수명의 단축화 등의 현상이 나타나고 있고, 그 결과 물류에서 다빈도, 소량배송, 제품수명주기의 단축과 동일 시장에서의 불확실성이 증가되면서 재고유지비, 보관비, 운송비 등 물류비가 증가하고 있으며, 이는 무역업체의 국제경쟁력을 약화시키는 요인으로 작용하고 있다.30)

무역업체들의 국제시장에서의 경쟁력 확보가 그동안 가격이나 주요 마케팅 측면에서 이루어졌던 것으로 볼 때, 효율적인 물류관리를 통한 물류비 절감은 국제시장에서 경쟁력을 확보할 수 있는 또 하나의 가능성으로 대두되고 있다. 결국 무역업체들은 물류비를 감소시키기 위한 물류관리의 중요성을 인식하게 되었다.

또한 단순한 수출입 기업의 수준을 넘어 전 세계를 대상으로 제조 및 판매를 하는 국제기업의 등장은 원재료의 조달부터 생산 및 판매에 이르는 전 과정이 전 세계를 대상으로 이루어지기 때문에 국제 물류의 중요성이 더욱 높아지고 있다. 국제 물류의 특성은 〈표 2-11〉의 국내 물류와 국제 물류의 비교에 관한 표에서도 알 수 있듯이 운송, 보관·하역, 포장뿐만 아니라 정보의 연계성 등에서 국내 물류와는 다른 특성을 보이고 있다.

---

30) 박영태·김영민(2000), "우리나라 무역업체의 공급체인관리 도입 전략에 관한 연구", 「물류학회지」, vol.10, no.2, 한국물류학회, p.174.

<표 2-11> 국내 물류와 국제 물류의 비교

기 능	국내 물류	국제 물류
운 송	물류거점을 이용한 공로운송 (공로, 철도, 항공)	항만이나 공황의 복합 일관운송(해상, 항공, 복합운송)
보관 하역	물류센터나 배송센터중심의 보관하역작업	항만, 공항, 내륙지점 등의 복합화물 터미널 등에서의 보관 하역작업
포 장	포장의 경제성, 편리성, 간이성에 중점	운송에 중점 (파렛트, 컨테이너)
정 보	화주, 운송업체, 주선업체 등의 독자적 정보 확보	특정터미널을 축으로 국내화주로부 터 해외고객에 이르는 과정을 EDI와 인터넷으로 추적가능

자료: 이제현(2003), e-물류가 국제 물류의 협력관계에 미치는 영향에 관한 실증연구, 「국
제상학」, 제18권 제2호, 한국국제상학회.

UNCTAD(1993, 1999)의 1990년 및 1998년 데이터에 따르면, 다수의 국가에 걸쳐 제품과 서비스를 생산하는 다국적기업의 본사와 해외지사의 수를 조사한 조사기간 8년 동안에 본사는 1.6배 증가한 반면 해외지사가 3.3배나 증가했음을 알 수 있다. 이 조사결과는 90년대에 들어 다국적기업의 사업 활동 범위가 글로벌 규모로 확대되었다는 것을 입증하는 자료로 볼 수 있다.[31]

〈표 2-12〉는 기업들의 국제진출이 많아지므로 인해 국제 물류전략의 변화를 요하는 근거자료로 볼 수 있으며, 〈표 2-13〉는 기업의 해외진출 형태에 따라 물류전략이 달라지고 있음을 나타내고 있다. 따라서 기업의 국제화의 정도에 따라 기업의 중점 활동과 시장 대응력이 어떻게 변화하고 또한, 물류관리에 관한 기업의 집중 활동에 서로 다른 전략이 필요하다는 것을 추론할 수 있는 부분이다.

---

31) 심규열·이현기·김우현(2001), "통합물류정보시스템의 활용이 물류성과에 미치는 영향에 관한 연구", 「마케팅과학연구」, 제8집. 한국마케팅과학회.

<표 2-12> 1990년대 다국적기업의 본사 및 해외지사의 수 변화

	1990년	1998년	90년 대비 증가율
다국적기업의 본 사수	37,000	60,000	162%
다국적기업의 해외지사 수	170,000	550,000	326%

자료: UNCTAD(1993, 1999), World Investment Report, New York.

국제기업은 국내 기업과는 달리 물류전략상의 복잡한 절차를 가지고 있다. 따라서 구경모(2003)[32]의 연구에서처럼 국내에 생산시설을 가지고 수출입을 하는 국제기업과 글로벌 생산 네트워크를 가지고 현지 중심 또는 경제권 중심의 물류활동을 하는 다국적기업에 근접하고 있는 글로벌기업으로 나누는 등 국제화 정도에 따른 기업의 특성을 고려한 분석이 이루어져야 하며, 물류관리에도 적용하여 연구할 필요성이 있다.

---

32) 구경모(2003), "국제 물류업의 제3자 물류사업(3PL) 전환에 대한 소고", 「로지스틱스연구」, 제11권 제2호, 한국로지스틱스학회.

<표 2-13> 기업 활동의 글로벌화에 따른 경영활동의 핵심, 시장대응능력 및 물적 관리

기업의 형태	중점적 경영활동	해외시장대응능력	경재우위	물적 흐름의 관심
인터내셔널기업 (중소전자/기계 생산업체)	국내생산, 수출	낮음	생산비용	수출지원 활동
멀티내셔널기업 (코카콜라, 네슬레)	본사의 집중 경영과 현지 생산	현지시장에 대응능력이 높음	현지시장에 대한 노하우	기본적으로 현지조달과 생산, 약간의 본사로부터의 판매
글로벌 기업 (토요타, 소니, GM 등)	본사의 집중 경영과 집약 생산체계	표준화제품으로 대응, 현재시장 대응능력이 상대적으로 약함	글로벌 스탠다더에 의한 규모의 경제	본사와 현지 간의 네트워크구축(전략적 조달/생산/판매의 유기적 형성
트랜스내셔널기업 (패션의류업체)	현지분산경영과 현지 협력사 이용	매우 높음	현지시장의 적극 활용	시장의 다양성 대응과 SCM 활용

자료: 구경모(2003), 국제 물류업의 제3자 물류사업(3PL) 전환에 대한 소고, 「로지스틱스연구 _」, 제11권 제2호, 한국로지스틱스학회, 2003. 12.

2) 국제 물류 경로와 e-Logistics의 적용

국제 물류전략은 국내 물류전략에 비해 복잡한 프로세스와 의사결정구조를 가지고 있다. 따라서 국제기업이 국제 물류전략을 수행하는 데 있어서도 단순한 수출입기반의 기업과 글로벌 생산 기지를 갖는 기업 간에 상이한 물류관리 전략을 필요로 한다.

먼저 본국에 주요 생산시설을 갖추고 수출입을 영위하는 기업의 경우 국제 물류의 체인은 다국적화된 기업에 비해 덜 복잡하다. 이런 경우 물류 경로(Logistics Process)는 해외 원자재업체로부터 원료나 부품을 들여와 부산/인천 등의 터미널을 거쳐 통관→트럭킹(국내운송)→생산 및 출하→운

송업체(TPL)→해상운송/항공운송→수입국 물류창고나 수입업자의 최종
목적지로 가는 일련의 과정일 것이다.33) 따라서 원료의 반입부터 생산에
이르는 수입물류와 생산품을 수출하는 수출물류에까지 중점을 두어 추진해
야만 한다.

한편 글로벌 생산기지를 가지고 있는 다국적화된 기업은 조달, 생산, 판
매활동이 전 세계에 걸쳐 이루어지기 때문에 물류관리의 범위도 단순 수출
입기업에 비해 확대되고 물류프로세스도 훨씬 복잡 다양해진다. 따라서 국
제 물류의 프로세스의 전반에 대한 기업의 통제가능성은 감소하게 되고 그
만큼 불확실성이 증가할 것이다. 여기서의 물류과 정도 공급업자→수출통
관→트럭킹(국내운송)→해상운송→현지 내 수입통관→현지생산 및 출하→
물류창고→운송업체(TPL)→중국에서의 통관→해상운송/항공운송→수입국
물류창고나 수입업자의 최종목적지로 가는 일련의 과정은 2개국이 관련되
어 복잡해진다. 따라서 해외(현지)에서의 운송, 보관, 통관 등이 게재되어
통제의 가능성이 줄어들고 불확실성이 더 많아 진다는 것이다.34)

단순 수·출입기업이나 글로벌기업 모두 국제 물류 절차상의 불확실성을
정보시스템을 통해 다소 풀어나간다 하더라도 직접적인 관리가 이루어지지
않는다면 완벽한 물류관리는 요원할 것이다. 이러한 관점에서 볼 때 물류관
리의 효율성을 극대화하기 위해서는 국제기업의 물류관리전략이 국내 물류
와는 다른 관점에서 다루어져야만 하며, 국제기업의 국제화의 정도에 따른
물류전략이 달라져야 함은 당연한 귀결일 것이다. 그러나 아직까지
e-Logistics의 활용 부족으로 국제 물류의 전 과정에 적용시키기엔 역부족
인바 본 연구의 적용부분은 e-Logistics의 기능위주로 전개시키고자 한다.

---

33) 이용근(2004), "글로벌 물류의 전략적 틀의 형성에 관한 연구", 「물류학회지」,
　　제14권 제1호, 한국물류학회.

34) 문희철(1996), "우리나라 수출업체의 인터넷활용에 관한 실증분석", 「충남대
　　경영논집」, 제15권 제1호, pp.14-15, 충남대학교.

제3절 e-Logistics의 활용 주체

1. e-Logistics 활용 주체

그동안 물류관리에 대한 연구는 화물의 소유주인 기업을 중심으로 이루어졌으며, 근래에 들어와서 물류관리의 아웃소싱 비율이 커지면서 물류전문 업체들을 대상으로 한 연구가 이루어지고 있다. 물류산업의 GDP 비중[35]과 물류관리의 영역이 전통적 물류에 비해 확대되고 있는 추세[36]로 볼 때, 물류전문 업체를 물류관리의 주체로 연구하는 것은 매우 바람직한 현상이라 할 수 있다. 또 하나의 물류관리의 주체로 국제 물류의 화물이 국경을 넘나드는 거래인 점에서 볼 때 인·허가 관계자로서의 정부군이 포함 되어야 한다. 기업, 물류전문 업체, 정부 그리고 물류정보의 중개기관을 포함하는 것이 적절한 물류주체 분석이 될 것이다.

---

[35] 1999년 기준, 우리나라의 물류 산업의 시장 규모는 5천 억 원으로 우리나라 GDP의 6.3%에 달함(교통개발연구원, 2003).

[36] D. J. Bowersox, Daugherty, P., Droge, C., Rogers D., and Wardlow, D.(1989), Leading Edge Logistics: Competitive Positioning for the 1990s.

<표 2-14> 물류정보의 이해관계자 분류

분 류		소분류	역 할
화 주		− 제조업체 − 유통업체	생산 및 유통
물류 산업군	물류 수행업체	− 수송업체: 선사, 항공사, 운송사, 철도 청 − 하역업체 − 물류 주선업체	운송관리
	물류거점	− 화물거점: 창고 − 컨테이너 거점: CY(ICD) − 운송사 거점: (복합)화물 터미널 − 선사 거점: 항만 − 항공사 거점: 공항	node
인허가 기관		− 산자부 − 해수부 − 건교부 − 관세청 등	화물관리, 사람관리, 물류 도구 관리
물류정보 중개기관		− VAN 사업자 − 물류정보 제공 · 유통업체	화물(사람, 물류도구 정보 중개)

자료: 권경섭·한기훈(2003), "우리나라 국가 물류정보화 현황 및 과제연구",「로지스틱스연구
」, 제11권 제2호, 한국로지스틱스학회.

그러나 본 연구에서 물류관리의 주체를 화주기업으로 보고, 물류전문 업체와 인허가기관이 국제기업의 물류관리 형태를 책정하고, 이행하는 데 보조적 역할을 하는 수단으로 연구될 것임을 밝힌다. 이와 같은 연구의 배경은 물류관리와 정보가 기업과 화주뿐 아니라 전체 이해 관계자의 시각에서 접근하여야 한다는 기본적 전제하에 이루어진 것으로써, 이는 신동선(2002)[37]에서 지적된 우리나라 국가 물류정책의 변화 내용(산업으로서의 물류)과도 일치한다.[38] 물류정보의 이해관계자에 관한 분석은 〈표 2-14〉와 같다.

이상의 내용들을 종합해보면 물류관리의 정보화의 목적은 관련 이해 당

---

37) 신동선(2002), "물류부문의 정부기능 및 역할정립에 관한 연구," 교통개발연구원.
38) 권경섭 · 한기훈(2003), "우리나라 국가 물류정보화 현황 및 과제연구",「로지스틱스연구」, 제11권 제2호, 한국로지스틱스학회.

사자들의 연결을 보다 원활하게 하여, 물류 당사자와 더 나아가 경제에 효율성을 기하는 데 있다. 물류정보화의 목적을 달성하기 위한 물류정보화의 영역은 이해 관계자 자체에 대한 정보화와 이들 상호간을 연결하는 영역으로서의 B2B, B2G, G2G와 통합형 모델로서의 B2B2G를 포함하여야 한다.

2. 물류 아웃소싱과 e-Logistics 활용

1) 물류아웃소싱의 형태와 효과

기업의 제조와 경영활동의 글로벌화는 많은 생산 기능을 아웃소싱하고 핵심 경쟁력 분야에 집중화를 가속시키고 있다.[39] 이러한 외부자원의 활용인 아웃소싱이 물류관리 분야에서도 역시 중요한 경영활동으로 대두되고 있다. 물류아웃소싱은 물류관리의 일부 혹은 전부를 물류 관련 업체에게 위탁·수행케 하는 전략이다. 과거 물류아웃소싱은 단기적 형태의 거래방식이었으나, 최근 각종정보기술의 발달 등과 더불어 전략적 차원의 형태로 변화하고 있다. 물류관리의 외부화는 물류아웃소싱에 관한 연구에 있어서도 빠른 움직임을 보여 왔는데, Bonney(1993)[40]는 다른 회사의 자재관리나 제품분배의 전부 또는 일부를 수행하기 위해 외부회사를 이용하는 것이라고 물류아웃소싱을 정의하였다. 또한 Bagchi & Virum(1998)[41]도 물류 외부의 한 형태인 물류제휴를 하주를 위한 물류활동들의 모든 활동 또는 일부 활동을 지원하기 위한 하주들과 물류공급업자들 사이의 장기의 공식

---

39) Layek Abdel-Malek,. Tarathorn Kullpattaranirun, and Suebsak Nanthavanij (2004), "A Framework for Comparing Outsourcing Strategies in Multi-Layered Supply Chains," *International Journal of Production Economics*.

40) J. Bonney(1993), "Third-party Logistics: Is iI for You?," *American Shipper*, Feb 1993, p.52.

41) P. K. Bagchi and H. Virum(1998), "Logistical Alliance: Trends and Prospects in Integrated Europe," *Journal of Business Logistics*, vol.19, no.1, p.193.

적 또는 비공식적 관계를 의미한다고 정의 내렸다.

국내의 경우 선진국에 비해 단순한 운송업체의 사용을 물류아웃소싱으로 간주하는 경향이 있으며, 기업문화의 개방성 부족으로 인하여 전략적 물류아웃소싱도 확산되어 있지 않은 상황이다. 물류아웃소싱은 여러 측면에서 화주기업에게 장점을 제공하는데 정리해 보면 다음과 같다.

(1) 물류의 통합과 확산

기업들이 물류관리를 단순한 물적 유통에서 공급망 관리(SCM)의 의미로 확대·적용시키면서 물류의 통합화가 가시화되고 있으며, 아웃소싱을 통한 물류관리의 경향이 늘어나고 있다. 물류아웃소싱은 각종 물류관리와 관련 정보기술에 관한 도입과 확산을 독려해 최근 확산되고 있는 물류통합화에 기여할 것이다.

(2) 비용절감의 효과

물류관리의 아웃소싱은 서비스 제공자에 의해 물류관리에 필요한 기술과 경험을 내부화된 가격보다 저렴한 비용으로 수행할 수 있어, 규모의 경제 효과가 가능하게 된다. 즉, 물류전문 업체의 자원을 사용하는 하주기업은 더 낮은 가격과 좋은 서비스를 제공받을 수 있어 기업 스스로 물류관리 업무를 수행해 나가는 것보다 효율적일 수 있다.

(3) 물류관리의 전문성 확보

물류관리의 외부화를 통해 물류업체의 전문성을 이용할 수 있기 때문에 전문성을 기할 수 있다. 예컨대, 그들이 제공하는 활동의 반복학습을 통해 학습효과와 경험효과를 얻게 되기 때문에 물류기능을 훨씬 더 효율적으로 수행할 수 있게 된다. 따라서 해당기업이 특정 물류활동에 대한 노하우가 없을 때, 아웃소싱은 이를 활용할 수 있는 좋은 수단이 될 수 있다.

(4) risk 감소

물류관리의 외부화를 통해 기업들은 물류전문 업체의 전문성을 이용할 수 있기 때문에 물류기능을 기업 스스로 수행할 경우 발생할 수 있는 위험적 요인을 물류전문 업체에게 전가할 수 있다. 화주업체의 부동산 위험, 재무적 위험, 기술적 위험과 정보기술 관련 도입비와 같은 리스크를 감소시킬 수 있다.

(5) 물류산업 분야의 비효율성 감소

물류관리는 전 분야를 기업 스스로 해결하는 데 한계성이 있다는 측면에서 연구개발, 판매 및 생산 부문 등과 다른 특성을 가지고 있다. 거시적 관점에서의 물류관리 기능은 사회·국가적으로 교통체증, 환경오염, 에너지 낭비 등 사회전반에 부작용을 가져올 수 있기 때문에 물류활동의 아웃소싱을 통한 물류산업의 효율화가 절실한 부분이다.

Lieb & Randall(1996)[42]은 1995년 미국 대기업들의 물류실태에 대한 조사를 한 결과, 제3자 물류가 주는 가장 큰 편익(benefits)이 비용의 절감(38%)이라고 주장하였다. 이 외에도 시장에 대한 전문인력/시장지식의 습득(24%), 운영효율의 향상(9%), 기업내부의 핵심 업무에 대한 집중화(7%) 그리고 기업의 유연성의 향상(5%) 등을 들었다.

(6) 물류관리 외부화의 형태

전통적인 물류관리 활동은 다른 핵심적인 경영활동과 비교해 보조적인

---

42) R. C. Lieb, and H. L. Randall(1996), "A Comparison of the Use of Third-Party Logistics Services by Large American Manufacturers 1991, 1994 and 1995," *Journal of Business Logistics*, vol.17. no.1.

수단으로 인식되어 왔지만, 최근의 계약물류나 물류전문 업체의 이용은 경쟁우위의 확보, 효율적인 대고객 물류서비스라는 측면에서 중요성이 대두되고 있다. 화주기업의 물류활용유형은 물류제공업체의 개입 정도와 주체의 대상에 따라 여러 가지로 나눌 수 있는데, 물류외주, 계약 물류, 제3자 물류 등으로 구분할 수 있다. 하지만 이러한 서비스들은 거의 유사한 개념으로 사용되고 있으며, 국내 기업의 경우 단순 운송의 경우에도 제3자 물류업체로 파악하고 있어 외국의 경우처럼 전략적인 물류업체의 활용을 제3자 물류업체라고 하는 개념과는 상이하다고 할 수 있다.

물류전문 업체에 대한 정의는 여러 측면에서 정의되고 있지만, 물류전문 업체란 물류서비스 공급자가 계약에 기초하여 다양한 물류서비스를 제공하는 것이라고 할 수 있다. 〈그림 2-5〉에서 볼 수 있듯이 제3자 물류업의 발전과정은 제조기업의 경우 초기에는 물류관리의 내부화로 사내 조직화하여 직접 수행한다.

<그림 2-5> 제3자 물류의 발전과정

자료: 황인수·한우수, "제3자 물류의 활성화 방안에 관한 연구", 「산경논집」, 제18집, 동의대학교 중소기업발전연구소, 2000, p.34.

이후 물류관리의 물품의 증가나 물류관리 지역의 확대로 인해 공동 수·배송체제의 도입, 공동 집·배송 단지를 건립하는 등 물류관리의 일부 혹은 전부를 공동물류에 의해 실행하는 방법으로 전환한다. 그러나 현재 물류업체 간 또는 관련 업체 간 물류공동화사업에 대한 인식의 부족으로 그 추진실적이 미흡한 실정이며, 또한 공동 물류의 경우 상품이나 지역의 깊은 연관성이 전제되어야 효율성이 높아지므로, 모든 기업에 적용하기엔 선행되어야할 조건이 많다고 할 수 있다. 국내 물류공동화 추진현황에 관한 사항은 〈표 2-15〉와 같다.

<표 2-15> 국내 물류공동화 추진현황　(단위: %)

업종별	시행 중	시행 고려 중	미 시행
제조업	11.5	8.9	79.6
유통업	45.2	16.4	38.4
물류업	17.4	23.9	58.7

자료: 대한상공회의소, 「99기업의 물류관리실태」, 2000.

그 다음과정으로 물류자회사를 설립하여 물류를 관리하는 제2자 물류는 전문 물류기업에 물류기능을 수행하도록 하며, 이후 2자 물류의 확대된 개념으로 전문물류 기업이 컨설팅까지 수행하는 제3자 물류가 있으며, 물류기능의 전문성을 제고하기 위하여 물류기업, IT기업, 컨설팅 기업 및 금융기업 등이 공동으로 투자 및 운영하는 제4자 물류 등이 있다.[43]

2) 물류아웃소싱과 e-Logistics의 활용의 관계 정립

기업의 수출증가와 국제화의 진전에 따라 국제 물류의 양은 급속도로 증가하고 있으며, 이와 함께 많은 내부적 프로세스를 아웃소싱하고 있는 추세에 있다. 하지만 국내 기업의 경우 일부 기능적인 부분에만 아웃소싱이 이루어지고 있는 현실이다.

국제기업이 외부업체를 활용해 물류관리 업무를 수행한다면 공급업자와 제조업자 간에 운송업자를 통한 조달물류부문과 그 후 제조업자와 고객 사

---

43) 옥선종 외 2인(2001), "전자제품의 물류공동화에 관한 연구", 「물류학회지」, 한국물류학회, p.6.

64

이에 운송업자 또는 제3자 물류업체를 통한 유통물류부문에서 아웃소싱 하는 형태일 것이다. 먼저 공급업자와 제조업자 간에는 제3자 물류업자가 운송업자 선정, 운송수단과 경로 선정, 혼재, 주문지연(postponement of order), 직접인도(deliver directly to patient), 모든 주문품의 가시성 제공(provide visibility to all orders) 등의 역할을 할 것이다. 제조업자와 고객 사이에는 유통업자 관리, 완제품 운송을 위한 운송업자 선정, 운송수단 및 경로 선정, 보관창고관리, 제품의 고객화, 가시성 제공 등의 업무를 수행할 것이다. 모든 업무가 다 중요하지만 이중에서 모든 주문품의 가시성 제공이 중요한 업무가 될 것이고, 이는 e-Logistics의 기능을 필요로 할 것이다. 따라서 전문적인 제3자 물류업체라면 화물추적시스템은 필수가 될 것이며, 얼마나 실시간으로 원하는 고객에게 정보를 제공할 수 있느냐가 경쟁력의 중요한 요소가 될 것이다.[44]

국제기업이 요구하는 물류관리의 정보화 요구를 만족시키려면, 물류전문업체의 e-Logistics 서비스 제공은 필수 항목이 되어야 할 것이다. 이러한 국제기업의 물류관리에 대한 정보화 욕구는 날로 증가할 것이며, 물류전문업체는 이 부분을 충족시키지 못할 경우 도태되고 말 것이다. 국제기업은 기업 자체적으로나 물류정보화의 아웃소싱을 통해서든지 거래 상대방이나 기업스스로의 효율성을 제고하기 위한 e-Logistics 서비스 제공 혹은 활용 능력을 갖추어야 할 것이다.

이러한 관점에서 볼 때 그동안의 물류정보화에 대한 연구가 기업이나 물류전문 업체를 각각의 주체로 하여 진행되어온 결과, 최근에 기업들의 물류관리가 외부화[45]에 의해 이루어지는 현상을 가미하지 못한 연구로 진행될 수밖에 없는 한계를 지녔다고 볼 수 있다.

이것은 본 연구에서 e-Logistics와 물류아웃소싱의 문제를 같은 시각에서

---

44) 이용근(2001), "글로벌 로지스틱스 효율화를 위한 e-logistics의 기능과 전망", 「국제상학」, 제16권 제2호, 한국국제상학회.

45) Yemisi A. Bolumole(2001), "The Supply Chain Role of Third-Party Logistics Providers," *The International Journal of Logistics Management*, vol.12, no.2.

혹은 분리될 수 없는 관계임을 표현하고자 하는 목적에 해당하는 부분이다. 따라서 이러한 기업의 요구사항에 부합하는 e-Logistics 서비스는 물류 전문 업체의 입장에서는 관련 서비스를 제공하기 위해 웹 기반의 개방형 물류시스템을 구축할 것으로 보인다. 또한 물류관리의 형태도 e-Logistics를 기반으로 하여 글로벌 생산체계에 근거한 공급자, 소비자, 전문물류업자 간의 통합물류시스템을 구축하고, 관련 기업 간 연계시스템을 통합적으로 구축하는 통합물류 플랫폼의 형태로 발전할 것으로 보인다.

제Ⅲ장 e-Logistics에 관한 선행연구

앞서도 언급한 바와 같이 e-Logistics에 관한 연구는 개념적 수준에 머물고 있으며, 더욱이 e-Logistics에 관한 실증적 분석에 관한 연구는 국내·외로 단지 몇몇 연구에서만 보일 뿐이다. 이러한 초기단계의 e-Logistics의 연구에 적용시키기 위한 적절한 변수도출은 앞으로 이어질 관련 연구들의 기준이 될 수 있다는 측면에서 매우 중요한 부분이다. 따라서 본 연구의 변수도출을 위한 선행연구에서는 e-Logistics의 활용과 성과에 영향을 주는 요인과 유사한 요인을 보이고 있는 물류 관련 연구를 고찰하고자 한다.

물류 관련 연구는 크게 일반 물류관리, 제3자 물류에 관한 연구로 축약되는 물류아웃소싱, 그리고 물류정보화 관련된 연구로는 물류정보시스템, SCM(공급망 관리) 등으로 분류할 수 있다. 기타 연구로는 물류관리에 사용되는 관련 정보기술 연구로 정리할 수 있다. 이상의 내용을 토대로 선행연구에 관한 범위를 표로 나타내면 〈표 3-1〉과 같다.

<표 3-1> e-Logistics에 관한 선행연구 범위

활용과 성과	연구 분야	연구 내용
e-Logistics의 활용 관련 연구	물류아웃소싱 도입에 관한 연구	3자 물류 선정 시 화주기업특성에 관한 연구
		3자 물류업체 선정요인
		아웃소싱 활용 정도
	e-Logistics 도입에 관한 연구	물류정보시스템 활용요인
		공급망 관리 구축요인
		정보기술과 물류
		물류관리
		e-Logistics 활용요인
e-Logistics의 성과 관련 연구	물류성과 측정에 관한 연구	기업이나 조직의 성과측정
		효과성·효율성 측면의 성과
		재무적·비재무적 성과
	e-Logistics와 물류성과	물류정보시스템과 성과요인
		공급망 관리와 성과요인
		e-Logistics와 성과요인
	물류 아웃소싱과 물류성과	화주·물류제공자 분리 성과
		아웃소싱형태에 따른 성과
		물류성과 측정 차원의 연구

제1절 e-Logistics의 활용에 관한 연구

1. 물류아웃소싱 도입에 관한 연구

물류 아웃소싱에 관한 연구는 대부분 제3자 물류에 관한 연구가 주류를 이루고 있는데, 제3자 물류에 대한 연구는 1990년대부터 미국을 비롯한 유럽국가들 중심으로 비교적 활발히 이루어져 왔다. 특히 미국, 영국, 유럽국가에서는 제조업체, 유통업체, 물류서비스 제공업체를 중심으로 심층적인 분석이 있었다. 물류아웃소싱에 관한 연구들은 크게 아웃소싱을 요하는 화주기업 특성측면, 제3자 물류업체 선정 기준, 아웃소싱 활용 정도에 관한 연구, 그리고 물류아웃소싱에 의한 성과 등으로 분류할 수 있다.

제3자 물류서비스 이용시의 기대효과, 물류서비스의 활용 분야 및 빈도, 편익 및 문제점, 이용기간, 활용기피 요인 등의 연구도 업종별로 활발히 전개되어 왔다. 또한 제3자 물류업체 자체의 발전 방향을 제언하고 있는 논문들도 있다. Tyan et al.(2003),[46] Hall(1987),[47]) Sheffi(1990)[48]에서는 경쟁강도의 증가에 대한 압박, 고객서비스 수준의 기대치 증대, 전 세계적인 규제완화, 컴퓨터 및 커뮤니케이션 기술의 진보 등이 물류외주 발전에 기여하게 된 주요 요인임을 분석하였다. Bardi & Tracey(1991)[49]에서도 같은 연구결과를 도출하였으며, Roberts (1994)[50]는 자격 있는 물류 계약자를 결정할 때 가장 자주 사용되는 측정기준은 제공되는 서비스 수준, 인력의 질 그리고 비용이라고 하고, 특히 조직 분야에서의 인력의 질이 눈에 띠는 변화라고 지적하였다. 따라서 높은 수준의 고객서비스를 제공하기 위한 물류전문 업체들은 풍부한 기술을 가진 인력을 고용하는 것이 중요하게 대두되고 있다고 하였다.

---

46) Jonah C. Tyan, Fu-Kwun Wang, and Toimon C. Du(2003), "An Evaluation of Freight Consolidation Policies in Global Third Party Logistics," *The International Journal of Management Science*, Omega vol.31, no.55-62, p.55-57.

47) R. W. Hall(1987), "Consolidation Strategy: Inventory, Vehicles and Terminals," *Journal of Business Logistics*, vol.8, no.2.

48) Y. Sheffi(1990), "Third Party Logistics: Present and Future Prospects," *Journal of Business Logistics* vol.11, no.2. pp.27-39.

49) E. J. Bardi and Tracy M.(1991), "Transportation Outsourcing: a Survey of US Practices," *International Journal of Physical Distribution and Logistics Management*, vol.21, no.3, pp.15-21.

50) K. Roberts(1994), "Choosing a Quality Contractor," *Logistics Supplement* September, vol.4, no.5.

이러한 결과는 Dapiran et al.(1996)[51]이나 Lieb et al.(1993)[52]의 연구에도 반영되는데, 그들의 연구에서는 제3자 물류업체의 명성이나 경험보다도 비용이나 서비스가 주요한 요인으로 작용하고 있다고 주장하고 있다. Bhatnagar et al.(1999)[53]의 연구에서도 비용절감과 서비스 질 수준의 증가가 물류전문 업체를 활용하는 기업에 의해 이익을 깨닫게 하는 주요 요인임을 나타내고 있다.

Sohail & Sohal(2003)[54]에서는 말레이시아에서의 제3자 물류의 사용에 관한 연구를 통해 말레이시아 기업이 물류 기업 서비스 사용의 범위를 결정하는 요인에 대해 실증적 분석을 하였다. 그 결과 계약을 사용하였던 기간과 의사 결정 절차의 중요성을 주요한 요인으로 연구하였다. 이와 같이 이전의 연구에서는 성공적 외주관계의 특징에서 물류관계를 설정하기 위한 다양한 범위에 까지 연구가 이루어져 왔다.

Junjie Hong(2004)[55]은 중국기업을 대상으로 한 기업특성과 물류아웃소싱이라는 연구에서 아웃소싱 결정에 영향을 주는 요인으로 기업의 규모, JIT 생산모드의 소유 여부, 산업유형, 물류의사결정에 대한 기업의 경영 정도의 수준을 연구하였다. 또한 기업이 외국소유의 기업일수록 물류아웃소싱을 더

---

51) P. Dapiran, R. Lieb, R. Millen, and A. Sohal(1996), "Third Party Logistics Services Usage by Large Australian Firms," *International Journal of Physical Distribution and Logistics Management* vol.26, no.10, pp.36-45.

52) R. C. Lieb, R. A. Millen, and L. N. V. Wassenhove(1993), "Third Party Logistics Services: a Comparison of Experienced American and European Manufacturers," *International Journal of Physical Distribution and Logistics Management* vol.23, no.6, pp.35-44.

53) R. Bhatnagar, A. Sohal, and R. Millen(1999), "Third Party Logistics Services: a Singapore Perspective," *International Journal of Physical Distribution and Logistics Management* vol.29, no.9, pp.569-587.

54) M. S. Sohail and A. S. Sohal(2003), "The Use of Third Party Logistic Services: a Malaysian Perspective," *Technovation* vol.23.

55) Junjie Hong(2004), "Firm-Specific Characteristics and Logistics Outsourcing by Chinese Manufacturers," *Asis Pacific Journal of Marketing and Logistics*, vol.16, no.3, pp24~27.

이용할 것으로 연구하였는데, 기존의 선진국을 대상으로 한 연구와는 다소 차별화된 연구결과를 보였다. 예를 들어 종업원을 더 많이 가진 기업일수록 외부 서비스 구매율이 더 떨어진다는 것이었다. 그 외에 산업유형이나 경영 수준은 물류아웃소싱 결정에 유의한 영향을 주는 것으로 연구되었다.

Bagchi & Virum(1996)[56]은 화주의 입장에서 물류제휴를 형성하는 과정을 〈그림 3-1〉과 같이 3단계로 나누어 제시하였다. 1단계는 물류제휴의 선행단계로서 물류제휴에 앞서 기업전체의 비전 및 목표와의 연계를 반영하고 물류제휴가 어디서 결정되는지에 대한 과정을 포함하고 있다. 2단계는 구체적인 제휴계획과 관리를 하는 단계이며, 3단계는 제휴를 통한 운영성과를 측정하고 통제하는 단계이다.

<그림 3-1> 화주를 위한 물류 제휴과정 모델

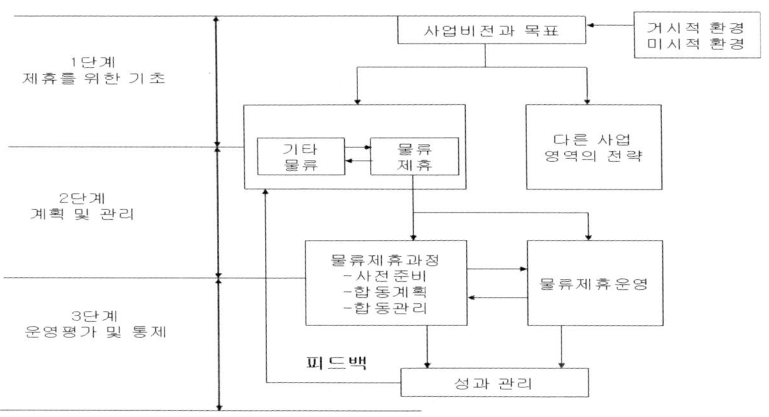

자료: P. K. Bagchi and H. Virum, "European Logistics Alliances: A Management Model," The International Journal of Logistics Management, vol.7, no.1, 1996, p.90.

---

56) P. K. Bagchi and H. Virum(1996), "European Logistics Alliances: A Management Model," *The International Journal of Logistics Management*, vol.7, no.1, pp.93-108.

Bagchi & Virum(1996)[57]은 물류 제휴 시에 성공적인 제휴를 위해서는 인적요소가 중요한 요인임을 피력했다. 물류서비스를 구매하려는 기업은 아웃소싱에 관련된 모든 부서와 의견교환을 해야 하며, 무엇보다도 최고경영층의 지원이 선결되어야 한다고 하였다. 또한 외부아웃소싱 이전의 내부적 준비와 조직적인 준비 그리고 성과측정이 이루어져야 함을 주장하였다. McGinnis et al.(1995)[58]은 물류시장 환경변화에 대하여 기업 외부적 요인이 내부적 요인보다도 더 제3자 물류 이용에 영향을 미침을 주장하고, 물류업체 측면이 아닌 이용자적 즉, 화주기업측면에서 물류관리의 환경변화를 바라보았다. 제3자 물류는 기업의 활동이나 과정을 외부기업에게 아웃소싱 하는 것으로서 기업 내에서 이루어지는 모든 활동과 과정은 아웃소싱의 대상이 될 수 있다. 그러나 자사가 보유한 전략적 강점이나 아웃소싱에 따른 통제력의 상실 등을 고려할 때, 기업의 핵심역량에 속하는 활동은 자사에서 수행하고 나머지 부문에 대해 아웃소싱 하는 것이 일반적이다.[59] 국내의 제3자 물류서비스에 대한 학술적 연구는 최근에 와서야 여러 연구들에서 보이고 있지만, 화주기업와 제3자 물류기업과의 관계에 대한 연구는 많이 이루어지지 않고 있으며, 관계정립에 관한 연구도 지속적으로 필요한 상황이다.

이종학·권영철(2002)[60]은 물류 아웃소싱 결정요인과 성과에 관한 연구에서 물류아웃소싱 유형을 단순 아웃소싱 유형과 전략적 아웃소싱으로 구분한 후 각각에 영향을 미치는 요인에 관해 연구하였다. 물류아웃소싱에 영향을 미치는 요인으로는 수출 기업적 특성으로 거래특유투자,[61] 수출규

---

57) op. cit.

58) M. A. McGuinnis, C. M. Kochunny, and B. Ackerman(1995), "Third Party Logistics Choices," *The International Journal of Logistics Management*, vol.6, p.195.

59) 한우수(2000), "제3자 물류업체 선정요인에 관한 실증적 연구", 「동의 대학교 대학원 박사학위」, 동의대학교 대학원, p.54.

60) 이종학·권영철(2002), "물류아웃소싱 유형의 결정요인과 성과에 관한 연구 − 섬유수출기업을 중심으로−", 「무역학회지」, 제27권 제2호, 한국무역학회.

모, 물류아웃소싱 경험을, 거래 환경적 특성으로는 거래빈도, 정보통신네트워크의 활용, 거래 제품적 특성, 그리고 표준화특성을 바탕으로 연구하였다. 연구결과 수출기업의 내부 특성이 물류아웃소싱의 전략적 선택에 중요한 영향을 미치고 있음을 시사하였다. 그중에서도 거래빈도와 거래제품의 고급성이 전략적 3자 물류 채택에 큰 영향을 주고 있음을 밝혔다. 앞서 언급한 물류아웃소싱에 관한 연구 중 성과부분을 제외한 주요 연구 분야를 분류하여 연구자와 측정요인을 정리해 보면 〈표 3-2〉와 같다.

---

61) 물류에 있어서 거래특유자산으로는 화주기업이나 물류서비스업자 양자 모두가 물류아웃소싱 거래를 위해 투자한 냉동보관시설, 고객에 적합한 트레일러, 혹은 특수 창고에서 취급이 가능한 상품하여 장비 등을 들 수 있고, 또한 화주기업의 관점에서 볼 때는 물류서비스업자와 신속한 정보교류를 위한 EDI 시스템 구축에 대한 투자, 물류아웃소싱 관리를 위한 전문 인력자원에 대한 투자 등도 거래특유투자로 볼 수 있다.

<표 3-2> 물류아웃소싱에 관한 연구

연구 분야	연구자(년도)	측정요인
제3자 물류 선정 시 화주기업의 특성	Sohail & Sohal(2003)	계약을 사용하였던 기간과 의사 결정 절차
	Junjie Hong(2004)	기업의 규모, JIT 생산모드의 소유 여부, 산업유형, 물류의사결정에 대한 기업의 경영 정도의 수준
	이종학 · 권영철(2002)	수출기업적 특성(거래특유투자, 수출규모, 물류아웃소싱 경험), 거래 환경적 특성(거래빈도, 정보통신네트워크의 활용), 거래 제품적 특성, 표준화특성
	Bagchi & Virum(1996)	물류제휴를 형성하는 과정, 최고경영층의 지원 선결
	M. A. McGinnis et al.(1995)	기업 외부적 요인의 중요성
	Gibson et al.(1993)[62]	화주기업의 화물운송업체의 선정 · 평가 프로그램의 보유 여부가 업체선정 전략에 큰 영향을 미침
제3자 물류업체 선정요인	Sheffi(1990), Bardi & Tracey (1991)	경쟁강도의 증가에 대한 압박, 고객서비스 수준의 기대치 증대, 전 세계적인 규제완화, 컴퓨터 및 커뮤니케이션 기술의 진보
	Leahty, Murphy, Poist	고객지향과 신뢰성, 변화지향, 적시성
	Roberts (1994)	서비스 수준, 인력의 질 그리고 비용, 높은 수준의 인력
	Dapiran et al. (1996), Lieb et al. (1993), Bhatnagar et al(1999)	과거 제3자 물류업체의 명성이나 경험이 중요시 되던 연구에 비해 비용이나 서비스 부분의 중요성을 제기함.
	M. A. McGinnis et al.(1995)	화물운송업체 선정 요인(운임, 신뢰성, 수송기간, 화물손상 정도, 화주의 시장관심, 수송업체의 관심, 제품특성)
	황인수(1998)[63]	전문지식과 경험, 안정성, 기존의 업무성과, 파트너십관리 정도, 품질에 대한 관심도, 파트너에 대한 배려, 유연성, 기업 간 호환성

---

62) B. Gibson, H. Sink, and R. Mundy(1993), "Shipper-Carrier Relationship and Carrier Selection Criteria," *Logistics Transportation Review*, vol.29, no.4.

63) 황인수(1998), "제3자 로지스틱스에 대한 고찰", 「유통연구」, 제2권 제1호, 한국

2. e-Logistics 도입에 관한 연구

물류 분야에서의 IT의 사용은 전 세계적으로 확대일로에 있으며 대다수의 물류전문 업체에서도 이를 수용하고, 물류산업에 있어서 주요한 경쟁 무기로 고려되고 있다.[64] 물류와 IT의 만남을 물류정보기술로 표현할 수 있는데, 물류정보기술에 관한 연구는 물류정보시스템과 공급망 관리(SCM), 그리고 물류관리에 있어 IT사용 등에 관한 연구로 이루어 졌다. 하지만 기업이 물류관리를 위해 도입하게 되는 정보기술은 결론적으로는 기업에게 경영성과라는 장점을 제공하지만, 모든 기업이 물류 관련 정보기술을 수용한다고 볼 수는 없다. 물류 관련 정보기술의 수용은 기업특성과 밀접한 관련이 있기 때문이다.

물류관리 분야에서도 정보기술은 기업이 흡수할 때 어떠한 조건을 요하는 혁신적 요소이다. 따라서 여러 연구들에서 물류관리와 관련한 정보기술을 혁신으로 보고 혁신수용에 관한 변수들을 사용하여 연구를 하곤 한다. 하지만 이러한 연구들도 많이 진행되어온 것이 아니어서 이러한 연구들에 사용된 변수들을 종합해 보면 물류와 관련 되지 않은 정보기술도입에 관련된 선행연구에서 도출된 변수를 사용하여 연구된 논문들이 대부분이다.

본 연구에서는 정보기술측면과 물류관리의 특성 측면을 모두 고려한 물류정보기술에 관한 연구들을 중심으로 살펴보고자 한다. 또한 이러한 물류정보기술을 받아들이고자 하는 기업의 특성과 더불어 외부적 특성에 적용시킬 변수를 도출하고자 한다. 김진호·김미영(1997)[65]은 물류정보시스템

유통학회.

64) Rajesh Piplani, Shaligram Pokharel, and Albert Tan(2004), "Perspective on the Use of Information Technology at Third Party Logistics Services Providers in Singapore," *Asia Pacific Journal of Marketing and Logistics*, vol.16, no.1, pp.27-28.

65) 김진호·김미영(1997), "물류정보시스템 수용 정도와 물류성과 측정 기준 간의 관계에 관한 연구," 충청회계학연구, 제2권 제1호. 충청회계학회.

수용 정도와 물류성과 측정 기준 간의 관계에 관한 연구에서 생산물류정보시스템의 수용 정도가 높을수록 더 많은 물류비용측정기준을 사용하고 있으며, 조달물류정보시스템의 수용 정도가 높을수록 더 많은 고객서비스 측정기준을 사용하는 것으로 나타났다. 또한 기업의 물류전략이 높게 세워진 기업이 새로운 기술을 수용하는 데 적극적이었으며 그로 인하여 물류정보시스템 수용 정도가 높았다는 결론을 도출하였다.

기업 관련 연구에서 기업특성 중 가장 중요하게 다뤄지는 것이 바로 기업의 규모이다. Lippman & McCardle(1987)[66]에서도 조직의 규모가 클수록 물류정보시스템의 수용이 더 활발히 이루어짐을 시사했다. 하지만 다른 측면으로는 조직규모가 작을수록 조정이 빨라 새로운 혁신을 더 잘 수용한다는 연구들도 있었다. 대부분의 연구에서 조직규모는 조직구조의 중요한 예측요인으로 조직에 유의한 영향을 미치는 것으로 나타났지만, 조직의 규모와 정보기술의 수용 간에 완벽한 일치성을 보이고 있다고는 볼 수 없다. 김명희・장영수・허동욱(1998)[67]에서도 제조기업의 기업특성 중 기업규모와 산업유형에 따라 정보시스템 수용 정도는 기업규모보다는 산업유형별로 생산물류정보시스템과 판매물류정보시스템에 있어서 그 차이가 크게 나타났다.

하지만 대부분의 조직규모에 관한 연구들로 미루어 볼 때, 기업규모가 커질수록 업계에서 차지하는 비중이 높고 영향력도 높아지고 있는 것을 알 수 있다. 또한 의사결정단계가 더 많고 복잡하여 정보이용자에게 제공해야 할 기업에 관한 정보가 더 많을 것이다.[68] 기업규모의 측정도구로는 종업원 수가 가장 일반적으로 쓰여 지고 있으나 기업능력, 고객 수, 순 자산, 매출액 등도 사용되고 있다. Ein-Dor & Segev(1978)[69]에 따르면 기업규

---

66) S. A. Lippman and K. F. McCardle(1987), "Does Cheaper, Faster, or Better Imply Sooner in the Timing of Innovation Decision?," *Management Science*.

67) 김명희・장영수・허동욱(1998), "기업특성이 물류정보시스템의 수용도에 미치는 영향", 「경영경제연구」, 제3권. 한국경영경제학회.

68) 김진호・김미영(1997), "물류정보시스템 수용 정도와 물류성과 측정 기준 간의 관계에 관한 연구," 충청회계학연구, 제2권 제1호, 충청회계학회, p.25~26.

모는 물류정보시스템의 질적 수준, 이용자의 만족과 광범위한 활용 등과 상관관계가 있다고 하였다. 또 다른 연구에서는 기업의 규모가 작을수록 정보시스템을 더 잘 수용하는 것으로 보고 있어 기업규모와 정보시스템 수용 수준 간에는 일치된 결과를 보이고 있지는 않다.

물류관리 측면에서 정보 기술은 화물과 정보의 일치성을 증가시키기 위한 수단이며, 소비자의 만족을 위한 기업의 전략적인 도구가 될 수 있다. 물류서비스 제공자에 의해 사용된 기술의 전개는 창고 관리 시스템의 발전에 의해 최초로 도입되었다. 오늘날 물류서비스 제공자들은 셀룰러폰이나 레이저 기술, 전자 칩, 인터넷 그리고 그들의 위치를 추적하는 위성 등을 폭넓게 사용하고 있다.[70]

Fawcett et al.(1996)[71]은 물류정보기술과 관련된 기업의 자원은 공급 가능한 만큼 기업에게 물류성과로써 역할을 충분히 할 수 있다고 하여 물류부문에서의 정보기술의 중요성을 주장했으며, Bowersox & Daugherty(1997)[72]도 정보중심 물류 내부자원은 앞서 도입한 기업들의 성과를 개선시키는 중요한 수단으로서 자리 잡고 있다고 했다.

하지만 정보기술의 효과는 보다 복잡하다고 할 수 있다. 정보기술이 성과에 독립적인 영향을 미치지 못하는 이유에 대하여 기업 내의 지식과 학습의 이전과 확산에 초점을 둔 연구들이 있는데,[73] 이들은 지식을 암묵적

---

69) Philip Ein-Dor and Eli Segev(1982), "Organizational Context and MIS Structure," *MIS Quarterly*, September.

70) 이용근(2004), "전자무역의 활용수준과 성과 영향요인에 관한 연구의 종합분석", 「통상정보」, p.239~240, 한국통상정보학회.

71) S. E. Fawcett, R. Calatone, and S. R. Smith(1996), "An Investigation of Impact of Flexibility on Global Reach and Firm Performance," *Journal of Business Logistics*, vol.17, no.2, pp.167-196.

72) D. J. Bowersox and P. J. Daugherty(1997), "Logistics Paradigme: The Impact of Information Technology," *Journal of Business Logistics*, vol.16, no.1, pp.65-80.

73) M. H. Boist(1995), "Is Your Firm a Creative Destroyer? Competitive Learning and Knowledge Flows in the Technological Strategies of Firms," *Research*

지식과 명문화 지식 두 가지로 유형화하였다. 여기에서 암묵적 지식은 상당히 의미가 있고, 완전한 방법으로 모방이 불가능한 지식의 유형이고, 명문화된 유형적 지식은 여러 가지 유형의 커뮤니케이션에 의해 상대적으로는 모방이 쉬운 것으로 본다.

김석수·김상열(2003)[74] 연구에서는 정보기술 자체로는 고객이 누리는 서비스 수준에 영향을 줄 수 없으며, 일시적인 경쟁우위의 원천이 되지만, 확산의 스피드가 빠르기 때문에 정보기술이 성과에 직접적인 영향을 주기가 어렵다고 보았다. 따라서 동 연구에서는 정보기술이 내부자원과 상호작용을 통하여 성과에 영향을 미칠 것이라는 당초의 가설도 대부분 기각된 연구결과를 보였다. 결과적으로 정보기술은 기업의 성과에 미치는 직접적인 효과보다는 고객중심 물류 내부자원에 간접적인 정의 영향을 미치는 것으로 보았다.

최장우(2000)[75]는 정보기술은 기업의 경영전략 수행에 매우 중요한 역할이라고 하여 과거에는 경영전략이 주로 조직 특유의 경쟁우위 확보에 주안점을 두었으나, 현재에는 기업의 국제경쟁력 강화 차원에서 수출부문에도 전략경영의 개념이 도입되고 있다고 하였다. 동 논문에서는 수출경영전략 강화 동기를 수출상품 해외홍보 강화, 국내외 경쟁업체와의 차별화, 수출상품 마진 개선, 회사 및 수출 상품의 이미지 제고 등 이 경영전략의 항목임을 지적하였다. 따라서 수출업무에 따른 물류업무에도 체계적인 물류경영전략의 수립 및 이행이 필요함을 주장하였다.

또한 공급망 관리 측면에서도 여러 연구들이 이어졌는데, 제조업 분야의 비효율성 제거 노력은 공급망 관리에서도 나타나는데 선진외국기업들은 SCM도입을 90년대 초반부터 도입되기 시작했다고 하였지만, 국내 기업들

Policy. vol.24, no.4, pp.489-506.

74) 김석수·김상열(2003), "물류정보기술이 기업의 경영성과에 미치는 상호작용 효과", 「해운물류연구」, 제39호, 한국해운학회, pp.51-75.

75) 최장우(2000), "수출기업특성과 인터넷 무역동기와의 관계에 관한 연구", 「산업경제연구」, 제13권 제5호, 한국산업경제학회.

은 글로벌 해외협력기업의 강력한 요구에 의하여 국내 선도기업 중심으로 5-6년 전부터 SCM을 도입하여 실행하고 있는 추세에 있다. 기업들은 고객들의 대응전략으로 유연성, 저비용, 높은 제품의 질, 신속한 고객요구에 대하여 제품공급을 신속하게 대응하여야 한다.[76] 이러한 글로벌 국제경영에서의 환경변화는 글로벌 물류의 변화를 야기 시키고 있으며, 환경변화에 어떻게 대응하느냐에 따라 기업 경쟁력확보에 커다란 영향을 미치고 있다는 사실을 알 수 있다.

기존의 전통적인 방법에서는 글로벌 기업의 협력 기업으로부터 제품을 조달하여 완제품을 전 세계시장을 상대로 판매, 공급을 하였으나, 글로벌 기업들의 경쟁이 치열해지면서 새로운 경영체계인 글로벌 네트워크 시스템을 구축하여 효율적인 글로벌 운영체제를 도입하여 글로벌 경영의 새로운 변화에 어떻게 대응하느냐에 따라 기업의 경쟁력에 커다란 영향을 미치고 있고, 중요한 변수로 등장되고 있다.[77]

물류 관련 정보기술에 있어 기업을 대상으로 한 연구는 대부분이 기업특성을 위주로 한 연구들이다. 기업특성이란 산업 내의 경쟁 정도, 기업의 규모 및 업종으로 구별될 수 있다. Daugherty(1988)는 경쟁상황은 해당기업의 산업구조, 경쟁수준, 기존 또는 계획된 기술, 진입 및 철수장벽과 같은 요인에 영향을 받으며, 이러한 요인들은 조직구조와 조직을 운영하는 방식에 영향을 미친다고 하였다.

Robertsin & Gatignon(1985)[78]은 경쟁상황에서 기술 확산의 과정을 설명하기 위해 조직들 간의 기술 확산을 위한 경쟁행동 패러다임을 개발하였

---

76) Vijay R. Kannan and Keah Choon Tan(2002), "Supplier Selection Assessment: Their impact on Business Performance", *The Journal of Supply Chain Management*, pp.11-21.

77) 김창봉(2003), "GSCM 글로벌 시스템 구축과 성과에 관한 연구", 「물류학회지」, 제13권 제2호, 한국물류학회.

78) H. Gatigon and T. S. Robertson(1985), "Technology Discussion: An Empirical Test of Competitive Effects." Journal of Marketing, 1989, pp.35~49.

다. 이 모델에 따르면 기술혁신의 수용은 공급자의 경쟁 환경과 수요자의 경쟁 환경에 의해서 더욱 영향을 받는다는 것이다.

물류활동을 효율적으로 수행하기 위한 물류정보시스템의 수용측면도 이와 유사하게 공급자 및 경쟁자 환경의 영향을 받는 것으로 볼 수 있다. 개별기업은 산업 환경에 따른 기회와 위협요인에 의해서 차별적 경쟁력을 갖게 되며, 산업 내에서의 경쟁 정도는 기업의 물류정보시스템수용에 영향을 미친다.[79]

물류정보시스템과 같은 새로운 기술을 수용하는 데는 투자되는 비용과 성과 간의 대체분석, 투자에 따른 위험 및 불확실성, 해당기업의 시장구조 등의 요인에 의해 영향을 받게 된다. 기업이 갖는 모든 형태의 특성이나 성질을 기업고유의 특성이라 할 수 있을 것이다. 이러한 측면에서 물류관리와 관련된 기업의 성질도 기업특성이라 표현할 수 있겠지만 최근 연구의 흐름을 보면 물류관리에 대한 부분을 분리해 세분화된 연구를 하는 양상이 보인다. 이러한 물류관리와 관련된 기업특성을 물류관리와 물류정보기술력으로 나누어 연구한 기존연구로는 노승혁(2001)[80]이 있다. 노승혁(2001)[81] 은 Ray, Gattorna & Alen(1980)[82]의 연구를 통해 고유의 특성이나 물류관리력 및 물류정보기술력과 같은 기업의 전반적인 물류 관련 요인들은 물류정보시스템 활용을 통해 물류비 절감이나 고객서비스와 같은 물류성과에 영향을 미친다고 하였다. 따라서 어떠한 조직형태를 갖고 누가 물류활동의 관리책임을 질 것인가 하는 문제가 명확히 제기되어야 하는 것이며 따라서

---

79) 이해신(1998), "기업특성이 물류정보시스템에 미치는 영향에 관한 연구", 「공업경영학회지」, 제21권 제47호, 한국공업경영학회, p.255.

80) 노승혁(2001), "기업특성에 따른 물류정보시스템 관련 요인이 물류성과에 미치는 영향에 관한 실증적 연구", 「중소기업연구」, 제23권 제3호, 한국중소기업학회, pp212~213.

81) 상계논문.

82) D. J. Ray, Gattorna, and M. Allen(1980), "Handbook of Distribution Costing and Control", *International Journal of Physical Distribution and Materials Management*, vol.10, no.5/6.

물류활동의 관리책임을 전담하는 물류조직의 존재 및 조직 내에서의 위치에 대한 문제는 중요한 물류 관련 기업구조의 구성요인이라고 할 수 있다.

Jackson et al.(1986)[83]은 기술이란 조직이 재료, 지식, 에너지, 그리고 자본과 같은 투입요소를 제품 및 서비스와 같은 산출물로 변화시키는 데 이용하는 기술 및 기술적 과정이라고 정의한다. Lynagh & Poist(1984)[84]도 이러한 관점에서 기업특성, 관리적 요인 및 기술적 요인은 물류관리의 체계화 및 합리화를 가속화시켜 물류성과에 유의적인 영향을 미치는 하나의 변수로 작용할 수 있다는 점에서 상당한 의미가 있다고 하였다. 물류관리에 있어 거래특유자산[85]으로는 화주기업이나 물류서비스업자 양자 모두가 물류아웃소싱 거래를 위해 투자한 냉동보관시설, 고객에 적합한 트레일러, 혹은 특수 창고에서 취급이 가능한 상품하역 장비 등을 들 수 있는데(Cooper & Gardner, 1993), 화주기업의 관점에서 볼 때는 물류서비스업자와 신속한 정보교류를 위한 EDI시스템 구축에 대한 투자, 물류아웃소싱 관리를 위한 전문 인력자원에 대한 투자 등도 거래특유투자로 볼 수 있다.

물류정보시스템 아웃소싱에 관한 연구는 옥선종·지정근(2001)[86]의 연구에서 볼 수 있듯이 본원기능 물류정보시스템 아웃소싱과 연결기능 물류정보시스템 아웃소싱에 영향을 주는 요인으로 조직내부요인, 거래특성요인, 위험요인, 공급자 경쟁우위요인을 기준으로 연구하였다. 그 결과 조직내부

---

83) J. H. Jackson, Cyril P. Morgan, and G. P. Joseph Paolillo(1986), "Organization Theory: A Macro Perspective for Management," Englewood Cliffs, N. J.: Prentice-Hall, Inc.

84) P. M. Lynagh and R. F. Poist(1984), "Managing Physical Distribution/ Marketing Interface Activities: Cooperation or Conflict", *Transportation Journal*, vol.23, no.3.

85) 거래특유자산(Transaction-Specific Assets)은 당해 거래만을 위해 투자된 자산을 의미하는데, 거래비용이론에 따르면 거래특유투자가 높은 경우에는 상대편의 기회주의적 행동이나 타 거래업체로의 거래 전환에 따른 위험 부담을 낮추기 위하여 수직적 통합 등을 통한 장기적 거래관계를 구축할 필요가 있다.

86) 옥선종·지정근, "물류정보시스템 아웃소싱의 결정요인에 관한 연구", 「물류학회지」, Vol.11, No.1, 한국물류학회.

요인인 물류정보시스템 성숙도와 최고경영층의 지원 정도가 높을수록 본원과 물류정보시스템의 아웃소싱 정도가 높다는 것을 알 수 있었다.

또한 물류정보자산의 특수성과 불확실성이 높을수록 본원과 연결기능 물류정보시스템이 아웃소싱 정도가 낮다는 것을 알 수 있었다. 또한 안전성 위험과 비용증가 위험이 높을수록 본원과 연결기능 물류정보시스템의 아웃소싱 정도가 낮다는 것을 밝혀냈다. 또한 거래특성요인의 물류정보 자산의 특수성은 모든 물류정보시스템 아웃소싱에 영향을 미치는 것을 파악되었다.

박선태·권기대·김승호(2002)[87]는 물류관리와 물류성과에 있어서 물류정보시스템의 매개효과에 관한 연구에서 물류관리 그 자체만으로 물류성과를 설명하기에는 부족한 점이 많다고 하였다. 따라서 물류관리와 물류성과 사이에 이를 매개하는 역할을 수행하는 물류정보시스템의 중요성이 제시되고 있다고 하였다. 그 연구에서 물류관리의 요소로써 물류활동 방향제시, 계획수립 및 지원 ·통제와 같이 물류활동의 수행이 기본적인 물류활동의 전제가 됨을 주장하였다.

노승혁(2001)[88]은 부산지역 중소제조업체를 대상으로 한 물류정보시스템 활용도에 관한 실증적 연구를 통해 물류정보시스템에 활용에 영향을 주는 요인으로 기업의 물류관리력과 물류정보기술력을 독립변수로 연구하였다. 물류관리력으로는 물류조직구조, 관리자의 인지도, 물류관리계획의 구축, 그리고 물류정보시스템의 구축 및 관리능력을 세부변수로 하여 측정하였다. 물류정보기술력으로는 물류기계화 및 자동화 정도, 물류정보 처리 기술 그리고 물류정보네트워크화의 정도를 가지고 측정하였다. 그 결과 물류관리력과 물류정보기술력 모두 물류정보시스템의 활용과 높은 상관관계가

---

87) 박선태·권기대·김승호(2002), "물류관리와 물류성과에 있어서 물류정보시스템의 매개효과", 「산업경제연구」, vol.15, no.3, 한국산업경제학회.

88) 노승혁(2001), "기업특성에 따른 물류정보시스템 관련 요인이 물류성과에 미치는 영향에 관한 실증적 연구", 「중소기업연구」, 제23권 제3호, 한국중소기업학회, pp212~213.

있음이 밝혀졌다. 또한 그중에서도 물류관리력 중에 물류관리계획의 구축정도는 물류정보시스템 활용과 물류성과에 가장 높은 상관관계를 보였다.

Shapiro(1984)는 물류전략계획에 대한 선행연구에서 물류전략으로서 원가절감전략계획과 차별화전략계획을 포함한 총체적 물류전략에 대해 논하였으며, Bowersox & Daugherty(1987)[89]는 공정·시장·경로에 대한 전략을 기술하였고, Bowersox et al(1989)[90]은 물류 전략계획을 수립하는 기업이 우수한 기업임을 실증분석을 통해 입증하였다.

German(1989)은 대량생산업체가 주문생산업체보다 공식적 물류전략계획을 수립하고 있고, 물류전략계획을 갱신하는 빈도가 적음을 발견하였다. 이 연구들을 보면 물류전략계획을 수립하고 있는 기업은 대개 우량기업임을 보여주고 있다. Bowersox et al.989)에 의하면 물류전략계획이 수립되어 있는 기업은 우량기업이며, 우량기업은 일반기업에 비해 첨단장비를 신속히 받아들인다고 한다. 이러한 연구의 검토결과 물류전략계획의 수립 정도가 높은 기업이 더 많은 첨단장비를 받아들일 것으로 보았다.[91] 조직규모를 측정하는 항목으로 Ein-Dor & Segev(1982)[92]의 연구에서는 해당업종에서의 상대적인 크기, 종업원의 수, 매출액으로 하였고, Greemillion(1984)[93]의 연구에서는 지역범위, 예산 규모, 벌목량, 감독계층의 수로 측정을 하였다.

물류정보시스템과 공급망 관리의 연구처럼 많지는 않지만 e-Logistics 관

---

89) D. J. Bowersox and P. J. Daugherty(1987) "Logistics Paradigme: The Impact of Information Technology," *Journal of Business Logistics*, vol.16, no.1, pp.65-80.

90) D. J. Bowersox, P. J. Daugherty, C. Droge, D. Rogers, and D. Wardlow (1989), Leading Edge Logistics: Competitive Positioning for the 1990s.

91) 김진호, 김미영(1997), "물류정보시스템 수용 정도와 물류성과 측정기준 간의 관계에 관한 연구", 「충청회계학연구」, 제2권 제1호. 충청회계학회.

92) Philip Ein-Dor and Eli Segev(1982), "Organizational Context and MIS Structure," *MIS Quarterly*, September.

93) Lee, L. Greemillion(1984), "Organizational Size and Information System Use," *Journal of Management Information Systems*, vol.1, no.2.

련 연구에서도 조직규모의 중요성은 다시 대두된다. 조직규모가 커짐에 따라 Logistics 부문의 실행성과는 높아지고 있음을 볼 수 있다. 조직의 규모가 커짐에 따라 조직은 증가하는 전문화에 의해 이익을 얻게 되며 따라서 점차로 그 기능이 분화된다.[94]

또한 기업의 규모와 더불어 향후의 e-Logistics는 그 발전 방향이 정보기술을 기반으로 한 공급자 위주보다는 소비자, 즉 화주기업을 전적으로 고려한 시스템으로 발전한다고 예상해 볼 때, 기업의 높은 정보기술 수준은 e-Logistics 실행에 있어서 긍정적 요소로 작용할 것으로 예상해 볼 수 있다. 그러나 Logistics 단계의 발전과정이 물류창고 등 고정자산 비용을 줄이고, 아웃소싱 등 핵심기술에 의존한 시스템으로 이행하고 있다고 볼 때, 정보기술 수준과 연계하여 사례기업의 물리적인 측면에서 여러 자원에 대한 관리 차원도 고려되어야 할 것이다.[95] 즉 e-Logistics 등의 물류정보기술의 단편적인 연구보다는 물류아웃소싱의 측면을 고려한 연구가 병행되어야 한다는 것이다.

박승봉·서준석(2003)은 e-Logistics 실행에 영향을 미치는 조직특성 요인에 관한 탐험적 연구에서 조직특성과 정보시스템 측면에서의 e-Logistics 실행현황을 사례기업에 대한 구체적인 관찰 및 인터뷰를 통하여 분석하였다. 분석결과 조직의 특성인 공식성,[96] 분권성,[97] 조직규모, 정보기술 특성이 e-Logistics 실행에 영향을 미치는 것으로 조사 되었다.

이제현(2003)[98]은 e-물류가 국제 물류의 협력관계에 미치는 영향에 관

---

94) P. M. Blau and R. Schoenherr(1971), 「The Structure of Organization」, New-York: Basic Book.

95) 박승봉·서준석(2003)", 「인터넷전자상거래연구」, 제3권 제2호, 한국인터넷전자상거래학회, p.162.

96) 공식성(Formalization)은 규칙, 과정, 지침, 의사소통이 명문화되어 있는 정도 및 조직의 행동이 명문화된 규정을 준수하는 정도를 의미한다.

97) 분권성(Decentralization)은 조직에 영향을 미치는 의사결정의 권한이 조직전체에 분산되어 있는 정도를 의미한다.

98) 이제현(2003), "e-물류가 국제 물류의 협력관계에 미치는 영향에 관한 실증연

한 실증연구에서 e-물류의 활용 정도는 국제 물류가 e-물류로 처리되는 정도를 의미 한다고 하였다. e-물류의 활용 정도를 인터넷 환경에서 사용가능한 시스템이 구축되었는지의 여부, 수출기업에서 구축한 전사적 관리시스템과의 호환성, 국제 물류과정에 참여할 당사자들과 업무를 전자방식으로 처리하기 위한 전자서식의 개발 정도, e-물류로 의사소통하는 비율로 측정하였다.

구체적으로 e-Logistics는 전문 물류업이 인터넷을 기반으로 운송, 보관, 포장, 하역, 재고관리, 관련 솔루션 제공 등 다양한 부가가치 물류서비스를 온라인상에서 구현하여 온라인과 오프라인의 시간적 차이를 최소화하고 이용자 만족을 극대화하며, SCM의 개념하에 물류 관련 프로세스를 효율적으로 지원하는 활동을 의미한다고 할 수 있다.[99] 국내의 경우 이와 같은 e-Logistics는 최근 전문 물류업 혹은 정보통신 업체를 중심으로 웹 사이트 구축을 통한 서비스의 형태로 발전하고 있으며, 더 나아가 중계(exchange), 경매(auction), 카탈로그(catalog) 등 e-marketplace의 기능을 포함한 형태로 발전하는 양상을 보이고 있다.[100]

물류서비스 제공업체가 정보통신기술을 매개로 하여 여러 가지 물류서비스를 제공하는 개념인 e-Logistics는 먼저 웹 사이트 상에서 화주가 서비스 내용에 대한 파악이 가능하고 화물의 위치추적이 가능한 1단계, 1단계보다 더욱 진화하여 실시간으로 위치 파악이 가능하며, 웹 사이트를 통하여 화주와 고객 간의 연계성이 보다 강화되는 2단계 그리고 화주와 운송업체 간에 shipper-carrier collaboration 이 가능해지며, 계약 등이 온라인으로 가능해지고 기타 여러 가지 서비스에 대한 평가 및 운임 관련 문제가 웹 사이트를 통해 이루어지게 도는 3단계로 구분할 수 있다.[101]

구", 「국제상학」, 제18권 제2호, 한국국제상학회.

99) 박홍균(2001), "e-Logistics에 따른 전문물류업의 전략", 「해운연구」, pp. 5-28, 한국물류학회.

100) 한국유통정보센터(2000), 「글로벌 경쟁력과 SCM 전략」, 한국유통정보센터.

101) e-Logistics Supplement(2000), 「Logistics Management and Distribution

Liang-Jie et al.(2001)[102]은 Logistics 프로세스 전 과정의 참여자에게 통합된 end-to-end Fullfillment를 제공하고 SCM 서비스를 제공하는 자동화된 Logistics 프로세스 메커니즘이라고 e-Logistics를 정의하였다. 또 이들은 전형적인 e-Logistic 프로세스는 RFQ(Request for Quote), Shipping 및 Tracking 의 3단계를 포함하는 일련의 과정이라고 하고, 〈그림 3-2〉에서 보여주듯이 e-Logistics와 business process manager와의 상호관계를 나타내었다.

〈그림 3-2〉 Business Process Manager와 e-Logistics 간의 상호관계

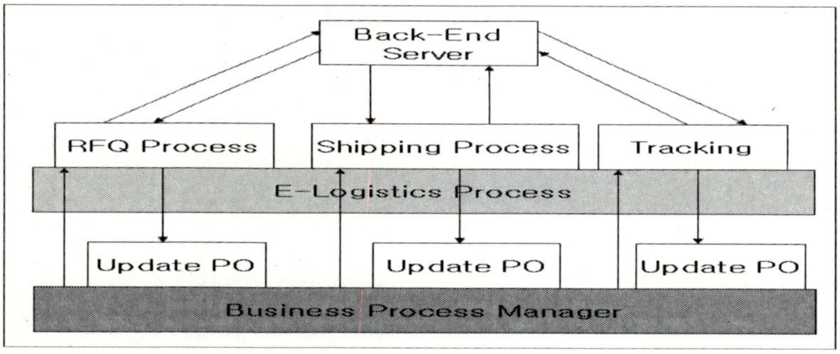

자료: Liang-Jie et al.(2001).

조찬혁(2003)[103]은 실증분석을 통한 화주들의 물류시스템 이용 유형에 영향을 미치는 요인에 관한 분석을 통해 현행 사이버 물류의 8대 핵심 서비스 및 상황적 변수를 활용하여 이들 현행 서비스 요인들이 화주들의 군집화에 어떻게 영향을 미치는지를 살펴보았다. 동시에 선사가 제시하는 8

Report」, e-Logistics Supplement.

102) Liang-Jie Zhang, Pooja Yadav, and Hery Chang(2001), "An E-Logistics Processes Integration Framework Based on Web Services," *ELPIF.*

103) 조찬혁(2003), "국제 물류에 있어서 운송업체와 화주 간 온라인 물류정보서비스의 성공요인에 관한 실증적 연구", 「국제상학」, 제18권 제4호, 한국국제상학회.

대 e-Logistics 기능으로 화물추적, 요율검색, 스케줄 확인, 화물예약, 도착
통지, 각종 서류 처리기능, 보고기능 그리고 회계기능을 제시하였다. 또한
사이버 물류서비스의 활용도가 높은 기업군일수록 타 군집과는 달리 물류
측면의 성과가 개선됐다고 제시하고, 그 활용도가 일반화되지 않았음에도
불구하고 사용기업의 만족도가 크게 조사되었다는 것을 배경으로 하여 설
명하였다.

김종칠(2000)[104]은 e-Logistics는 정보통신네트워크를 기반으로 실물적인
취급활동을 제외한 다양한 물류서비스를 구현하여 물류업무를 효율적으로
지원하는 활동이라고 하였다. 특히 기존의 오프라인방식의 고객서비스가
온라인으로 전환하면서 다양한 물류서비스가 신속하게 제공되고 있다. 인
터넷 기반의 e-Logistics 서비스의 발전전략은 3단계로 나누어 볼 수 있다
고 하였다. Frederic Lasserre(2004)[105]는 물류에 있어서 인터넷과 ERP의
중요성을 주장하면서 이러한 수단의 발전에도 불구하고 지역적 문제가 여
전히 상존하고 있다고 했다. 또한 Shawn & Lindsay(2003)[106] 중국에서의
e-Logistics의 정도에 관한 분석에서 중국의 e-Logistics의 활용이 매우 초
보적인 수준이라고 하고, 많은 중국 내의 물류 부분이 경영이나 자원, 인력
적 측면에서 이슈로 남아 있다고 했다.

여러 선행연구에서 기업규모가 물류정보기술수용과 성과에 정(+)의 관
계가 있음을 밝히고 있다. 한편 업종에 따라 물류정보기술 수용수준도 차
이가 있는 것으로 나타나고 있는데, 경쟁이 심한 업종의 기업이 그렇지 않
은 기업에 비해서 물류정보기술의 수용 정도가 높은 것으로 밝히고 있다.

---

104) 김종칠(2000), "화주와 물류업체 간의 제3자 물류에 대한 관계설정 및 서비스
　　 전략에 관한 연구", 「한국물류학회지」, 제11권 제1호, 한국물류학회.

105) Frederic Lasserre(2004), "Logistics and the Internet: Transportation and
　　 Location Issues are Crucial in the Logistics Chain," *Journal of Transport-
　　 ation Geography*, vol.12, pp.73-84.

106) Daly P. Shawn and Cui X. Lindsay(2003), "E-Logistics in China: Basic
　　 Problems, Manageable Concerns and Intractable Solutions," *Industrial
　　 marketing Management*, vol.32, pp.235-242.

이상의 논의를 요약하면 기업특성과 물류정보기술의 수용에 대한 영향은 기업규모를 기반으로 하는 기업특성과 물류관리에 관한 관심 정도, 그리고 여러 외부환경에 의해 채택됨을 알 수 있다.

본 연구의 목적은 e-Logistics 활용에 영향을 주는 요인을 도출하는 데 있다. 관련 변수를 도출하는 데 있어 e-Logistics 관련 연구를 기반으로 하여 탐색하는 것이 당연하나 관련 연구의 부재로 인하여 물류정보기술 관련 연구에서 변수 도출을 시도하였다. 본 연구의 실증연구 부문에서는 물류정보기술 관련 연구에서 도출한 변수를 기반으로 하여 제조업과 수출입을 동시에 하고 있는 국제기업을 대상으로 하여 조사대상으로 삼았다. 이들 기업의 조직특성, 국제화 특성, 물류관리특성이 e-Logistics 활용도에 유의한 영향을 줄 것으로 보고, 물류아웃소싱의 유형별로도 차이가 있는지에 관해서도 검토하고자 한다. 이상의 물류정보기술에 관한 연구를 몇 가지 주요 항목에 의해 분류해보면 〈표 3-3〉과 같다.

<표 3-3> 물류정보기술 도입에 관한 연구-(1)

연구 구분	연구자(년도)	측정 변수
물류정보시스템 활용요인	Lippman & McCardle(1987), Schumpeter(1984), Morke&Morse(1977), Kimberly(1976), 김진호·김미영(1997) Ein-Dor & Segev(1978)	조직의 규모가 클수록 물류정보시스템 활용에 영향을 줌 물류정보시스템의 질적 수준, 이용자의 만족과 광범위한 활용 등과 상관관계
	Mansfield et al(1997), Baker(1975), Srortman(1973), Webster & Wind (1972)	조직의 규모가 작을수록 물류정보시스템 활용에 영향을 줌
	이해신(1998)	산업유형
	김진호·김미영(1997)	기업의 물류전략의 정도
	옥선종·지정근(2001)	조직내부요인, 거래특성요인, 위험요인, 공급자 경쟁우위요인
	박선태·권기대·김승호(2002), Wiseman & Macmillan(1986), 이양우(2000)	물류활동 방향제시, 계획수립 및 지원·통제와 같은 물류활동이 전제되어야 함
	노승혁(2001)	물류관리력(물류조직구조, 관리자의 인지도, 물류관리계획의 구축, 물류정보시스템 구축 및 관리능력), 물류정보기술력(물류기계화 및 자동화, 물류정보 처리 기술, 물류정보네트워크화의 정도)

<표 3-3> 물류정보기술 도입에 관한 연구-(2)

연구 구분	연구자(년도)	측정 변수
공급망 관리(SCM) 구축요인	Vijay & Keah(2002)	유연성, 저비용, 높은 제품의질, 신속한 대응성
	Yoshinobu(1999)	효율적인 글로벌 운영체제, 대응성
	Collins, Lazar, 1992	공급사슬망에 대한 필요성 인식 및 추진의지
	Levy, Weitz, 2001	시장, 경쟁업체, 업계의 추세 등의 환경변화를 철저하게 평가
	Miller, Friesen, 1983; Dess, Davis, 1984	환경의 역동성은 제품과 기술, 시장에서의 제품수요의 변화 정도, 경쟁기업의 변화 정도
	Swamidass, Newell(1987), Ward et al.(1995), Ward et al.(1995)	환경의 역동성이 새로운 시스템의 도입과 제조의 유연성에 유의한 영향을 미친다고 주장
정보기술과 물류	Giard(2000), Zaheer & Dirks(1999)	기업의 정보기술 정도
	이용근(2004)	물류정보기술에 이용되는 시스템(레이저기술, 전자칩, 인터넷, 위성)
	Fawcett et al.(1996)	정보기술과 정보중심 내부자원의 중요성
	Bowersox & Daugherty(1997)	정보중심 물류 내부자원
	김석수·김상열(2003)	물류내부자원(고객중심 내부자원, 공급중심 내부자원) 정보기술이 내부자원과 상호작용을 통해 성과에 영향을 줌
	최장우(2000)	수출입기업의 물류경영전략의 수립 정도
	Robertsin & Gatignon(1985)	공급자의 경쟁환경, 수요자의 경쟁환경
	이해신(1998)	산업 내의 경쟁 정도, 공급자 및 경쟁자 환경의 영향

<표 3-3> 물류정보기술 도입에 관한 연구 - (3)

연구 구분	연구자(년도)	측정 변수
물류관리	노승혁(2001)	기업특성(물류관리, 물류정보기술력)
	Ray et al(1980)	물류조직의 존재여부, 물류조직의 조직 내에서의 위치
	Lynagh & Poist(1984)	기업특성, 관리적 요인, 기술적 요인, 물류관리의 체계화 및 합리화
	Williamson(1975) Cooper & Gardner(1993)	거래특유자산의 정도(EDI시스템 구축에 대한 투자, 전문인력투자 정도)
	Shapiro(1984)	물류전략계획(원가절감계획, 차별화전략계획)
	Bowersox et al(1989)	물류전략계획의 수립
	Blau & Schoenherr(1971)	조직규모가 물류실행성과의 관계 입증
e-Logistics 활용	박승봉·서준석(2003)	조직특성, 정보시스템 측면(공식성, 분권성, 조직규모, 정보기술특성)
	이제현(2003)	국제 물류에 있어 e-물류의 활용
	박홍균(2001)	SCM 개념하의 물류 관련 프로세스의 효율성을 지원하는 활동으로 정의
	Liang-Jie et al.(2001)	e-Logistics의 단계를 RFQ, Shipping, Tracking으로 구분
	조찬혁(2003)	선사의 8대 e-Logistics 기능 구분(화물추적, 요율검색, 스케줄 확인, 화물예약, 도착통지, 각종서류 처리기능, 보고 기능, 회계기능)
	김종칠(2000)	e-Logistics 서비스의 발전전략
	Frederic (2004)	물류 분야의 인터넷과 ERP의 중요성
	Shawn & Lindsay(2003)	중국의 e-Logistics 활성화를 위한 경영, 자원, 인력의 중요성

제2절 e-Logistics의 성과에 관한 연구

1. 물류성과 측정에 관한 연구

물류성과의 측정기준을 분석하기 위해, 물류성과에 대하여 기존 연구들이 어떠한 연구들을 제시하고 검토하였는지 살펴보기로 한다. Fawcett & Cooper(1998)[107]는 기업의 물류성과를 정확하게 측정하기 위해서는 바람직한 성과 측정기준이 제시되어야만 한다고 하였다. 이러한 개념하에 기업이나 조직의 성과 측정 이슈를 다룬 연구들(Gleason & Barnum, 1982;[108] Sink et al. 1984[109])이 있어 왔다.

Gleason & Barnum(1982)[110]는 성과를 효율성과 효과성으로 구분하고 있다. 여기에서 효율성이란 "자원이 경제적으로 사용된 정도"라고 한다면 효과성이란 "목적을 달성하는 정도"를 의미한다. 한편 Sink et. al.(1984)[111] 는 성과의 의미를 파악하기 위해 효율성(efficiency), 효과성(effectiveness), 품질(quality), 생산성(productivity), 작업생활의 질(quality of work life),

---

107) Stanley E. Fawcett and Bixby M. Cooper(1998), "Logistics Performance Measurement and Customer Success," *Industrial Marketing Management,* vol.27.

108) John M. Gleason and Darold T. Barnum(1982), "Toward Valid Measures of Public Sector Productivity: Performance Measures in Urban Transit," *Management Science,* vol.28, no.4.

109) D. S. Sink, T. C. Tuttle, and S. J. DeVries(1984), "Productivity Measurement and Evaluation: What is Available?," National Productivity Review, vol.4, no.3.

110) John M. Gleason and Darold T. Barnum(1982), "Toward Valid Measures of Public Sector Productivity: Performance Measures in Urban Transit," *Management Science,* vol.28, no.4.

111) D. S. Sink, T. C. Tuttle, and S. J. DeVries(1984), "Productivity Measurement and Evaluation: What is Available?," *National Productivity Review,* vol.4, no.3.

혁신(innovation), 수익성(profitability/budgetability) 등 7개의 차원을 제시하고 있다.

또한 Bowersox & Daugherty(1995)는 물류성과를 효율성, 효과성, 유연성으로 구분하고 있으며 전략집중에 따라 성과를 달리하고 있음을 나타내고 있다. 도표화하면 〈표 3-4〉와 같다.

<표 3-4> Strategic Choice: Influence on Structure

Strategic Orientation	Performance Goal	Traditional Structural Representation	
		Internal	External
Cost Minimization	Efficiency	Tight control of costs. Maximize output, economies of scale Highly centralized and formalized. Low specialization	Transaction oriented-price shopping, use many vendors
Value-Added Maximization	Effectiveness	Integration of the progress to achieve quality/differentiation Moderate levels of centralization and formalization. Moderate to high specialization.	Relational exchange-Boundary spanning, partnerships.
Control/ Adapatability Enhancement	Flexibility	Maximize local flexibility and responsiveness. decentralization and low formalization. High specialization.	Extended enterprise alliances-Customization or tailoring. Close coordination necessary.

자료: Donald J. Bowersox and Patricia J. Daugherty(1995), "Logistics Paradigms: The Impact of Information Technology," Journal of Business Logistics, Vol.16, No.1, p.72.

그리고 Kaplan & Norton(1993)[112]은 바람직한 성과 측정을 위해서는 다양한 관점을 포함해야 한다고 지적하면서, 성과의 차원으로 서비스의 질, 재무성과, 과정효율성, 혁신/학습의 4가지를 제시하고 있다. 이렇듯 성과의 정의/측정에 있어 효율성과 효과성이라고 하는 비교적 단순히 차원을 제시하는 연구도 있고, 성과를 제대로 포착하기 위해서는 보다 많은 차원을 고려해야 한다는 연구도 있다.

개념적으로 물류성과는 기업성과의 일부분이라고 할 수 있다. 따라서 물류성과의 개념 및 측정에 관한 연구도 기업성과에 관한 연구와 같은 맥락에서 연구가 진행되어 왔다. 즉, 어떤 연구들은 성과를 측정하는 데 있어 효율성/효과성 관점을 따르고 있으며, 다른 연구들은 성과를 보다 복잡한 여러 가지 차원으로 파악하고자 하는 다차원적 관점을 따르고 있다.[113]

2. e-Logistics와 물류성과에 관한 연구

노승혁(2001)[114]은 기업특성에 따른 물류정보시스템 관련 요인이 물류성과에 미치는 영향에 관한 실증적 연구에서 물류성과를 고객서비스 향상과 물류비 절감 정도로 보고 이에 영향을 주는 요인으로 물류관리력과 물류정보기술력을 들었다. 연구결과에 따르면 물류정보기술력이나 물류정보시스템 활용도는 물류관리계획의 구축여부와 높은 상관관계를 가지며, 물류성과는 관리자의 인지도와 상관관계가 높은 것으로 보여주고 있어 물류관리력이 높을수록 물류성과는 높아질 것이라는 가설이 유의한 결과를 나

---

112) Robert S. Kaplanand and David P. Norton (1993), "Putting the Balanced Scorecard to Work," *Havard Business Review*, vol.71, no.5.

113) 최장우(2000), "수출기업특성과 인터넷 무역동기와의 관계에 관한 연구", 「산업경제연구」, 제13권 제5호, 한국산업경제학회, p66~67.

114) 노승혁(2001), "기업특성에 따른 물류정보시스템 관련 요인이 물류성과에 미치는 영향에 관한 실증적 연구", 「중소기업연구」, 제23권 제3호, 한국중소기업학회, pp212~213.

타내었다. 따라서 이 연구에서는 최고경영자와 물류실무자의 적극적인 관심과 참여가 선행되어져야 물류성과를 효율적으로 달성할 수 있다는 것이다. 이는 물류활동이 기업 자원의 운영에 중요한 역할을 수행하므로 물류정보시스템이 이를 수행하는 핵심요소라는 것이다.

물류성과를 측정하는 기준으로 무엇을 사용하고, 그 기준을 이용하여 물류성과를 어떻게 측정할 것인가에 대한 연구는 물류관리의 효율화에 있어 가장 중요한 문제라 할 수 있다. 따라서 물류성과와 관련한 선행연구에서는 물류성과의 측정방법과 물류성과의 지표들을 어떻게 구분하였는가를 검토해 볼 필요가 있다.

물류성과의 측정방법에 관한 기존 연구들을 살펴보면, 물류성과의 측정기준에 따라 내부성과 측정방법과 외부성과 측정방법으로 구분된다. 외부성과 측정방법115)은 자사의 성과를 주요경쟁사와 비교하는 방법이며, 내부성과 측정방법은 경쟁사와의 비교 없이 자체적인 기준하에서 성과를 측정하는 방법이다(Bowersox, 1989: 김진호 · 김미영, 1997.116))

한편 성과측정지표는 단일기준보다 복수의 기준들에 의해 측정하는 다변수모형이 성과를 보다 잘 설명할 수 있다. 성과측정지표에 관한 기존 연구결과들은 물류성과를 일반적으로 고객서비스와 물류비용의 두 가지 측면으로 파악하고 있다. 그러나 고객서비스 측면은 너무 포괄적이어서 일부 연구자들은 보다 구체화한 지표를 제시하고 있다.

Bagchi(1997)117)는 물류 벤치마킹을 위한 핵심적 성과지표를 시간, 품질 및 비용효율성 측면에서 제시하면서 이들 성과요소들의 비교를 통한 벤치마킹 접근법을 제시하고 있다. Stank et al.(2001)118)의 연구에서는 26개

---

115) 가장 보편화된 외부성과 측정방법으로는 Benchmarking 기법이 있다.

116) 김진호 · 김미영(1997), "물류정보시스템 수용 정도와 물류성과 측정 기준 간의 관계에 관한 연구", 「충청회계학연구」, 제2권 제1호, 충청회계학회.

117) P. K. Bagchi(1997), "Logistics Benchmarking as a Competitive Strategy: Some Insights," *Logistics Information Management*, vol.10, no.1.

118) P. Stank, S. B. Keller, and P. J. Daugherty(2001), "Supply Chain Collaboration

기업을 대상으로 한 사례연구를 통해 물류성과지표를 과정적 측면에서 개발하였으며, 주요항목은 수배송시간의 단축, 납기충족의 일관성, 고객대응능력, 물량처리의 정확성, 예외적 요구사항에 대한 대응능력, 고객기대에 대한 부응도 등으로 제시하고 있다.

Hoek(2001)[119]은 물류성과를 품질 및 재고관리, 수·배송시간 및 자산이용률, 고객 지향적 생산, 공급사슬통합화 등의 4가지 요소로 측정하고 있고, Stainer(1997)[120]는 기존연구를 토대로 핵심적 성과지표를 총 생산성, 운영품질, 유연성, 업무의 신속성, 자산이용률 등 4가지로 구분하여 제시하고 있다.

박병권·임채관(2002)도 물류성과를 Bowersox(1989)가 제시한 측정요인을 응용하여 고객만족과 물류서비스 품질향상으로 정의하고, 구체적 측정항목으로 품절감소, 배달오류감소, 주문충족률개선, 생산성지수개선, 제품인도개선, 추후납품의 감소, 사이클타임의 감소, 고객에 대한 피드백의 개선, 고객의 호의도개선, 클레임건수의 감소 및 반송건수 감소 등 11개 항목으로 측정하였다.[121]

기업이 물류정보시스템을 도입하여 통합적으로 물류를 관리하는 방식은 기존의 효과성 차원에만 중점을 둔 물류시스템에 의한 관리방법보다는 더 큰 효과와 효용을 얻을 수 있다. 예컨대, 기존의 창고 관리는 배송이 적시에 이뤄지도록 충분한 공간을 확보하여 물류관리의 효과를 도모하였다. 그

---

and Logistical Service Performance," *Journal of Business Logistics*, vol.22, no.1, pp.29-48.

119) R. I. Hoek(2001), "The Contribution of Performance Measurement to the Expansion of Third Party Logistics Alliances in the Supply Chain," *International Journal of Operations & Production Management*, vol.21, no.1/2.

120) P. Stainer, S. B. Keller, and P. J. Daughtery(2001), "Supply Chain Collaboration and Logistical Service Performance," *Journal of Business Logistics*, vol.22, no.1.

121) 노승혁·김철민·서근하(2003), "물류정보시스템 활용도가 물류성과에 미치는 영향에 관한 연구", 「중소기업연구」, 제25권 제3호, 한국중소기업학회, pp.305~306.

러나 물류정보시스템의 도입을 통한 통합적인 물류관리는 전반적인 물류정보를 데이터베이스에 의해 관리하여 적정재고 파악과 재고회전율을 높일 수 있게 되며, 나아가 물류 효율성을 증대시킬 수 있다.

왜냐하면 컴퓨터로 통합된 물류정보시스템을 도입하여 활용하게 되면 단순히 품질, 납기, 비용절감 등의 혜택을 가져다 줄뿐만 아니라, 궁극적으로 기업의 경쟁력을 강화시켜 기업성장의 원동력을 제공해 줄 수 있기 때문이다. 이러한 물류정보시스템의 사용은 품질 향상, 생산성 향상, 재고감축, 낮은 노무비, 유연성 증가, 작업장 공간축소, 학습효과, 효율적인 기계사용, 제조활동설비 및 공간감소 등의 효과를 가져오게 된다.[122]

김용만·이현기(1999)[123]는 성과를 측정함으로써 물류비와 고객서비스 간의 트레이드-오프 분석이 가능하고, 물류성과 측정이 수익성이나 시장점유율과 같은 기업 전체의 경영활동 성과와 직접적으로 관련이 있다는 측면의 중요성을 인식하고, 측정영역의 관점을 내부에 둘 것인가 아니면 외부에 둘 것인가에 의해 분류될 수 있다고 했다. 또한 전략적 차원으로 측정의 기준을 비용에 둘 것인가 아니면 차별화에 둘 것인가로 구분된다고 했다.

김용만·이현기(1999)[124]는 물류정보시스템의 기능별 활용 수준이 물류성과에 어떠한 영향을 미치는지, 둘째는 물류활동 연계수준이 물류성과에 어떠한 영향을 미치는가, 셋째는 물류정보시스템의 기능별 활용수준은 조직구조, 전략유형에 따라 물류성과에 상이한 영향을 미치는지, 넷째는 물류활동연계 수준은 조직구조, 전략유형에 따라 물류성과에 상이한 영향을 미치는지를 살펴보았다.

실증분석결과 물류성과에 대한 본원적 기능, 연결기능, 지원기능 정보시스템 활용수준의영향은 물류비 절감과 고객서비스 향상에 모두 정의 영향

---

122) J. K. Kaeli(1990), "A Company-Wide Perspective to Identify, Evaluate, and Rank the Potential for CIM," *Industrial Engineering*, vol.22, no.7.

123) 김용만·이현기(1999), "LIS의 기능별활용 수준과 물류활동연계 수준이 물류성과에 미치는 영향에 관한 연구", 「마케팅과학연구」 제4집, 한국마케팅과학회.

124) 전게논문.

을 미치는 것으로 나타났으며, 물류기능별 정보시스템 활용수준과 물류차별화 전략이 물류성과에 상호작용 효과를 보이는지를 알아본 결과 본원기능 정보시스템 활용수준과 물류차별화 전략이 상호작용하여 물류비 절감과 고객서비스 향상에 영향을 미치는 것으로 나타났다.

박선태·권기대·김승호(2002)[125]는 기업의 물류관리와 물류성과 간의 물류정보시스템의 활용의 매개효과에 관한 연구를 통해 물류정보시스템이 물류관리와 물류성과에 정적인 매개효과가 있음을 가설을 통해 밝혀냈다. 또한 물류정보시스템 활용을 매개변수로 도입함으로써 기존의 선행 실증연구에서 유의하게 밝혀내지 못했던 물류관리의 물류성과에 대한 직접적인 영향관계를 규명하였다.

이러한 연구결과는 기업의 물류관리와 같은 내부환경 변수가 물류정보시스템의 활용 그리고 물류성과 간의 구조적 관계 내에서 기업의 내부환경 변수와 물류정보시스템의 연계를 통한 경쟁우위 확보의 중요함으로 시사하고 있다.

즉, 기업의 내부환경요인 과정→정보시스템의 활용→물류성과라는 선순환 과정으로 이루어지고 있으므로 최종적인 물류성과의 도출을 위해서는 무엇보다도 성과의 원천인 기업내부의 물류관리가 적극적인 물류정보시스템의 도입 및 활용을 통한 물류성과 제고가 요구되고 있음을 시사해준다. 본 연구결과는 기업 실무적으로 물류합리화 및 물류효율화를 추진하는 과정에서 기업의 물류관리의 내생적인 요소와 함께 정보시스템의 전략적 연계활동을 통한 성과 창출을 시사하고 있다.

노승혁·김철민·서근하(2003)는 물류정보시스템 활용도가 물류성과에 미치는 영향에 관한 연구에서 물류정보시스템 활용에 미치는 요인을 기술적요인, 관리적 요인, 환경적 요인으로 구분해 측정한 결과 세 가지 요인 모두 물류정보시스템 활용에 긍정적인 영향을 주고 있는 것으로 밝혀졌다.

---

125) 박선태·권기대·김승호(2003), "물류관리와 물류성과에 있어서 물류정보시스템의 매개효과", 「산업경제연구」, vol.15, no.3, 한국산업경제학회.

또한 물류성과요인으로 물류비 절감, 물류품질 개선, 물류시간 단축, 물류생산성 증대, 물류유연성 증대와 공급사슬 통합의 성과요인을 보았다. 이에 독립변수별로 약간의 차이는 있었지만 물류성과에 긍정적인 영향을 주고 있는 것으로 연구되었다.

Bagchi(1992)[126]는 물류정보시스템의 구축목적은 물류부문의 경쟁우위 확보를 통한 물류성과의 개선에 있고, 따라서 물류정보시스템이 효과적으로 구축·활용될 때 물류성과는 개선될 수 있다고 하였고, 많은 관리자들은 정보기술의 합리적인 사용은 보다 큰 수익과 경쟁력을 갖추게 하는 능력을 강화할 수 있다고 믿는다고 하였다. 또한 Lewis & Talalayevsky (1997)[127]는 정보기술의 활용은 물류거래비용의 감소와 조직 간에 보다 나은 의사소통을 촉진하게 된다고 주장하였다. 김창봉(2003)[128]은 GSCM 글로벌시스템 구축과 성과에 관한 연구에서 이론적 연구 분석틀을 제시하면서 신속성, 대응력, 적시성 등을 GSCM 글로벌 시스템 구축의 특성으로 분류하였다. 이 연구에서는 개념적 연구모형에서 이러한 특성들 간의 상대적 중요성을 비교해보고, 각 특성들이 유연성 향상과 고객만족도의 성과에 어떠한 영향을 미치는지를 탐색해 보았다.

또한 동 연구에서는 유연성 향상과 고객만족도를 성과로 보고 유연성향상에는 자재리드타임 단축, 공급체인상의 주문처리과정의 투명성, 단위당 보관운송비용 감소 그리고 해외주문제품의 적시납기 이행률 향상으로 성과를 연구했다. 고객만족도는 자사의 재고회전율 증가, 고객요구의 유연성 증대 그리고 고객만족을 통한 물류성과 향상 측면을 변수로 보았다.

김석수·김상열(2003)[129]은 물류정보기술이 기업의 경영성과에 미치는

---

126) P. K. Bagchi(1992), "International Logistics Information System," *International Journal of Physical Distribution and Logistics Management*, vol.22, no.9.

127) I. Lewis and A. Talalayevsky(1997), "Logistics and Information Technology: A Coordination Perspective," *Journal of Business Logistics*, vol.18, no.1.

128) 김창봉(2003), "GSCM 글로벌 시스템 구축과 성과에 관한 연구", 「물류학회지」, 제13권 제2호, 한국물류학회.

100

상호작용 효과에 관한 연구에서 기업역량이나 내부자원, 경쟁우위는 특화
기술에 접근하고, 통합하는 기업의 능력에 달려있다고 보았다. 이러한 관점
에서 정보기술은 기업이 고객중심의 내부자원들을 통합하기 위한 효율적인
메커니즘을 구축할 수 있는 수단을 제공해 준다. 또한 고객중심 물류 내부
자원은 물류 관련 특화된 지식 그 자체를 제공해 주는 역할을 한다. 그러
므로 고객중심 내부자원은 성과에 대하여 주 효과를 가진다고 볼 수 있다
고 하였다.

한편, 최근의 몇몇 연구들은 공급망 관리 관점에서 물류성과를 측정하려
는 시도를 하고 있다. Gunasekaran et al.(2001)[130]의 연구에서는 물류성과
를 공급사슬 성과를 공급사슬 성과 관점에서 접근하여 수배송성과, 고객서
비스, 재고 및 물류비용 측면에서 성과지표를 제시하고 있다. Humphreys
et al.(2001)[131]은 물류정보시스템의 공급사슬 통합효과를 설명한 연구에서
공급사슬상의 해당기업 힘의 증대, 정보공유, 통합적 비용절감, 조직의 안
정성 및 평판의 증대 등 5가지 요소로서 물류정보시스템이 공급사슬에 미
치는 영향을 설명하고 있다.[132]

조찬혁(2003)은 국제 물류에 있어서 운송업체와 화주 간 온라인 물류정
보서비스의 성과요인에 관한 실증적 연구를 통해 현실적으로 사이버 물류
서비스의 활용 유형이 기업이 처한 상황과 환경에 따라 달라질 수 있기
에 동 서비스를 이용함에 따른 화주별 성과요인도 차이가 있다고 보고,

---

129) 김석수·김상열(2003), "물류정보기술이 기업의 경영성과에 미치는 상호작용
    효과", 「해운물류연구」, 제39호, 한국해운물류학회.

130) A. Gunasekaran, C. Patel, and E. Tirtiroglu(2001), "Performance Measures
    and Metrics in a Supply Chain Environment," *International Journal of
    Operations & Production Management*, vol.21, no.1/2.

131) P. K. Humphreys, M. K. Lai, and D. Sculli(2001), "An Inter-Organizatonal
    Information System for Supply Chain Management," *International Journal
    of Production Economics*, vol.70.

132) 노승혁·김철민·서근하(2003), "물류정보시스템 활용도가 물류성과에 미치는
    영향에 관한 연구", 「중소기업연구」, 제25권 제3호, 한국중소기업학회, pp.30
    5~306.

e-Logistics 제공에 따른 화주의 업무개선 분야를 크게 비용부문과 서비스 개선부분이라는 두 가지 형태로 나누었다. 이것은 다시 성과요인으로 보여질 수가 있는데, 투자 감소효과, 문의전화 감소효과, 매출규모 증대효과, 신속성 증대효과, 정보관리 용이성 증대, 픽업/인도의 확실성 그리고 멸실/손상의 감소로 요인을 보았다.

이제현(2003)[133]은 e-물류와 국제협력에 관한 연구를 통해 e-물류를 많이 사용하는 수출입기업일수록 거래비용이 줄어든다는 것을 증명하였고, 국제 물류협력관계에도 정의 영향을 미치는 것으로 조사하였다. 물류정보기술과 물류성과에 관한 선행연구를 요약하면 〈표 3-5〉와 같다.

---

133) 이제현(2003), "e-물류가 국제 물류의 협력관계에 미치는 영향에 관한 실증연구", 「국제상학」, 제18권 제2호, 한국국제상학회.

<표 3-5> 물류정보 기술 관련 물류성과의 측정 요인에 관한 연구 요약-(1)

구 분	연구자(년도)	성과 측정 요인
물류정보 시스템	Bagchi(1997)	시간, 품질, 비용 효율성
	Stank(2001)	수배송시간의 단축, 납기 충족의 일관성, 고객대응 능력, 물량처리의 정확성, 예외적 요구사항에 대한 대응능력, 고객기대에 대한 부응도
	Hoek(2001)	품질 및 재고관리, 수·배송시간 및 자산 이용률, 고객지향적 생산, 공급사슬통합화
	Stainer(1997)	총 생산성, 운영품질, 유연성, 업무의 신속성, 자산이용률
	박병관·임채관(2002)	품절감소, 배달오류감소, 주문충족률개선, 생산성지수개선, 제품인도개선, 추후납품의 감소, 사이클타임의 감소, 고객에 대한 피드백의 개선, 고객의 호의도개선, 클레임건수의 감소 및 반송건수
	Kaeli(1990), Gross(1984), Kaplan(1986)	품질, 납기, 비용절감, 기업의 경쟁력 강화, 기업성장의 원동력
	Bowersox(1989), Germain(1989), Grooper(1989)	기업의 물류비성과
	김용만·이현기(1999)	물류비 절감과 고객서비스 향상
	박선태·권기대·김승호(2002)	물류합리화 및 물류 효율화
	노승혁·김철민·서근하(2003)	물류비 절감, 물류 품질개선, 물류시간 단축, 물류 생산성 증대, 물류 유연성 증대, 공급사슬 통합
	Lewis & Talalayevsky(1997)	물류거래비용의 감소와 조직 간에 보다 나은 의사소통

<표 3-5> 물류정보 기술 관련 물류성과의 측정 요인에 관한 연구 요약-(2)

구 분	연구자(년도)	성과 측정 요인
공급망 관리(SCM)	Gunasekaran (2001)	수배송성과, 고객서비스, 재고 및 물류비용 측면의 성과
	Humphreys(2001)	해당기업 힘의 증대, 정보공유, 통합적 비용절감, 조직의 안정성 및 평판의 증대
	김창봉(2003)	유연성 향상(자재리드타임 단축, 공급체인상의 주문처리과정의 투명성, 단위당 보관운송비용 감소, 해외주문제품의 적시납기), 고객만족(자사의 재고회전율, 고객요구의 유연성 증대, 물류성과 향상)
e-Logistics	조찬혁(2003)	비용개선과 서비스 개선(투자 감소효과, 문의 전화 감소효과, 매출규모 증대효과, 신속성 증대효과, 정보관리 용이성 증대, 픽업/인도의 확실성, 멸실/손상 감소)
	이제현(2003)	국제 물류상의 거래비용감소, 국제협력관계 증진

3. 물류 아웃소싱과 물류성과

제3자 물류서비스에 대한 편익과 효과에 대한 연구는 매우 광범위하게 이루어져 왔으나, 대부분 일치된 견해로 집약되고 있다. Lieb & Landall (1996)[134]은 1995년 미국의 대기업들의 물류실태에 대한 편익을 분석한 결과, 제3자 물류서비스가 주는 가장 큰 편익이 '비용절감(38%)이라고 주장하였다. 이외에도 '시장에 대한 인력의 전문성/시장지식의 향상'(24%), '운영효율성의 향상'(11%), '고객서비스의 개선'(9%), '기업내부의 핵심 업무

---

134) R. C. Lieb and Randall, H. L.(1996), "A Comparison of the Use of Third-Party Logistics Services by Large American Manufacturers 1991, 1994 and 1995," *Journal of Business Logistics*, vol.17, no.1.

에 대한 집중화'(7%)그리고 '기업의 유연성의 향상'(5%) 등을 편익으로 들었다.

결과적으로 제3자 물류를 통하여 얻게 되는 효과 혹은 성과에 대한 연구는 지금까지 비교적 광범위하게 이루어져 왔으며, 학자들마다 다소 그 효과에 대해서는 다양하게 분류하고 있다. 그러나 화주기업들이 제3자 물류서비스를 활용함으로써 얻을 수 있는 효과에 대한 공통된 항목은 ①물류비용의 절감, ②물류서비스 수준향상, ③핵심 업무의 집중화, ④창고이용률의 향상, ⑤물류 관련투자비용의 절감, ⑥물류인력의 절감 등으로 정리 할 수 있다.

Boyson et al.(1999)[135]는 물류아웃소싱으로부터 얻어지는 측정된 효과는 비교우위, 서비스 증대, 비용 절약을 들고 있다. 이종학·권영철(2002)[136]은 물류아웃소싱 유형의 결정요인과 성과에 관한 연구에서 아웃소싱 유형을 단순과 전략적 아웃소싱 유형으로 분류하고 전략적 아웃소싱의 제3자 물류 유형이 물류성과를 더 나타냄을 실증분석을 통하여 증명하였다. 동 연구에서는 화주기업이 물류서비스 구매경험이 풍부한 경우에는 대체로 단순아웃소싱보다는 전략적 아웃소싱형태를 취할 것이며, 그로 인한 물류성과도 크게 나타날 것이라고 하였다.

따라서 수출기업들이 물류아웃소싱에 있어서 이러한 정보네트워크를 활용하는 기업은 물류서비스기업 간의 원활한 정보교류로 관계가 보다 긴밀한 전략적 아웃소싱 형태를 갖게 될 것이고, 또한 물류성과에도 긍정적인 영향을 미칠 것이다. 고급제품의 경우는 수출가격도 높고, 제품 손상 시 부담하게 되는 책임도 크기 때문에 물류서비스의 구매에 보다 많은 관심을 가지게 될 것이다. 이는 제품의 특성에 따라 화주기업들이 물류서비스의

---

135) Sandor Boyson, Thomas Corsi, Martin Dresner, and Elliot Rabinovich(1999), "Management Effective Third Party Logistics Relationships: What Does It Take?," *Journal of Business Logistics*, Vol.20, No.1. p.90.

136) 이종학·권영철(2002), "물류아웃소싱의 결정요인과 성과에 관한 연구", 「무역학회지」, 제27권 제2호, 한국무역학회.

아웃소싱 형태도 달라질 수 있음을 의미한다. 물류아웃소싱 활용에 따른
물류성과에 관한 연구를 요약한 것은 〈표 3-6〉과 같다.

〈표 3-6〉 물류 아웃소싱과 물류성과의 측정 요인에 관한 연구 요약

연구 구분	연구자(년도)	성과 측정 요인
물류 아웃소싱성과	Ellram & Cooper(1990)	화주측면 – 경제적, 관리적, 전략적 물류제공자 – 경제적, 관리적, 전략적 경제성, 경영성, 전략성, 안정된 환경, 화주와 장기적 관계, 불확실성의 감소
	Lieb & Randall(1995)	비용절감, 인력의 전문성/시장지식의 향상, 운영효율성의 향상, 고객서비스의 개선, 기업 내부의 핵심 업무의 집중화, 기업의 유연성 향상
	김종칠 · 박재용 (2002)	물류비용의 절감, 물류서비스 수준의 향상, 핵심 업무의 집중화, 창고이용률의 향상, 물류 관련 투자비용의 절감, 물류인력의 절감
	이종학 · 권영철 (2002)	전략적 아웃소싱이 물류성과를 더 나타냄
	Frankel & Whipple	경쟁우위획득, 품질의 향상, 리드타임 단축, 재고수준의 감소, 고객서비스의 향상, 수요와 공급의 안정화, 기업 내 핵심 업무의 전념, 새로운 기술에 접근, 시장 확대 및 국제화, 자본의 레버리지효과
	Razzaque & Chang Chen Sheng	개선된 생산성측정 가능

제Ⅳ장 e-Logistics의 활용에 관한 실증분석

제1절 연구모형

본 장에서는 선행연구에서 살펴보았던 물류관리와 e-Logistics에 관한 연구에서 도출된 요인들을 중심으로 e-Logistics 활용에 어떠한 영향을 주는지에 관해 실증분석을 통해 살펴본다. e-Logistics에 대한 연구들이 아직 개념 정리의 수준인 관계로 본 고에서는 기업에게 유사한 영향요인과 성과요인을 보이고 있는 정보기술, 제3자 물류, 물류정보시스템, 공급망 관리(SCM) 등과 더불어 e-Logistics 관련 연구들을 통해 e-Logistics 활용과 성과에 영향을 주는 변수를 도출하였다. e-Logistics에 관한 최근의 몇몇 연구들은 모두 e-Logistics의 주체를 물류기업만으로 한정하여 주체들 간의 관련성 정도에 따른 부분을 제외한 연구들로 구성되어 있다.

최근 물류관리의 세 가지 주요 특징은 물류관리의 중요성이 증대되고 있다는 것과 물류관리의 전자화 및 외부화를 들 수 있다. 특히 물류의 외부화는 기업의 물류관리 특성을 변화시키는 주요한 원인이 되고 있으며, 기업의 물류관리 중 아웃소싱을 제외한 관리전략은 무의미할 수 있다. 또한 화주기업이 전자화를 주도하고 있다고 보기는 어려우며, 전자화와 외부화를 따로 연구한다는 것은 기업의 물류관리 특성을 제대로 반영한 연구가 될 수 없을 것이다.

본 연구에서는 e-Logistics에 영향을 미치는 관련 변수를 도출하기 위해 물류주체분석을 통한 e-Logistics의 주체를 도출하였고, 선행연구를 통해 e-Logistics와 유사한 영향요인과 성과를 보이고 있는 관련 연구를 고찰하였다. 또한 e-Logistics의 특징 탐색을 통하여 관련 연구들과 차별된

e-Logistics의 활용과 성과 요인을 도출하였다. 아직까지 e-Logistics의 연구가 도입단계에 머물러 있어, 본 연구에 필요한 변수추출에 한계가 있어 이상과 같은 단계를 걸쳐 변수도출을 실시하였다.

본 연구에서는 이상의 선행연구에서 도출한 변수들을 기업의 내부적 특성과 외부적 특성으로 나누어 다음과 같은 분석을 하였다. 첫째, 기업의 조직특성이 e-Logistics 활용도에 어떻게 영향을 미치는 지에 관해 기업규모, 거래빈도, 조직혁신성향 및 정보화 수준 등으로 나누어 분석한다.

둘째, 기업의 국제화 특성이 e-Logistics 활용도에 어떻게 영향을 미치는지에 관해 해외 진출형태, 매출액 중 해외시장의 매출액 비중 등으로 나누어 분석한다. 셋째, 물류관리특성이 e-Logistics 활용도에 어떻게 영향을 미치는지에 관해 기업의 물류조직특성과 물류전략계획 보유 정도로 나누어 분석한다.

넷째, e-Logistics 활용도와 물류 성과를 고객서비스, 경영능력, 업무효율성, 물류품질 개선 및 물류비 절감 정도 등의 5가지로 나누어 분석한다.

다섯째, 외부적 특성요인으로 물류활용유형이 e-Logistics 활용도에 직·간접적으로 어떠한 영향을 미치는지에 관해 분석한다.

이상의 연구 내용을 도식화하기 위한 개념적 틀을 제공한 연구들을 살펴보면, 과거 연구들은 전략, 구조, 과정 및 기업 성과 간의 관계를 고찰했다. 본 연구의 물류적 확장은 물류정보기술에 관한 접근인데, 통합 물류전략과 물류정보 기술과정은 실무자들과 연구자들에게 중요한 연구 기여를 할 것이다. 몇몇 연구자들은 정보기술 도입에 있어 기업의 구조와 기업성과의 관련성을 연구하였다.

<그림 4-1> Antecedent and Effects Model

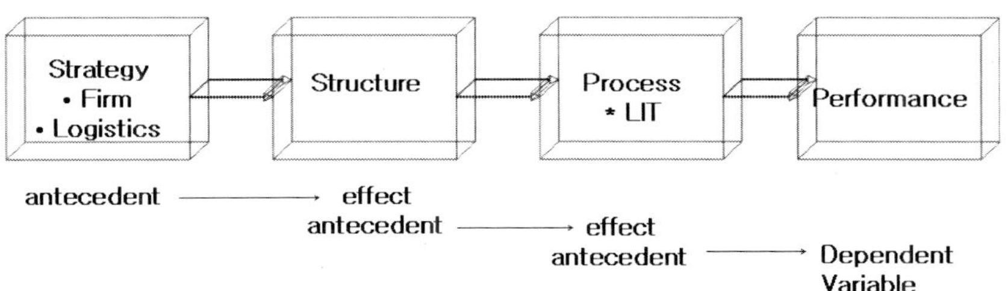

자료: Katrina P. Savitskie(2003), "The Impact of Logistics Strategy and logistics Information Technology Process on the Service Performance," Unpulished ph. D. Dissertation, Michigan State University.

또 다른 연구들은 기업의 정보기술 능력과 기업성과 간의 관계에 대해서 확립시켰다. 그러나 정보기술과 물류전략을 포함한 관련 모델을 접근한 논문은 거의 없다. 일반적으로 전략은 기업에게 과정보다 앞서는 것이며, 물류정보기술과정은 종속변수인 성과에 앞서는 것이다. 또한 〈그림 4-1〉에서 보는 바와 같이 Savitskie(2003)[137]의 연구에서도 물류정보기술에 앞서는 것이 전략과 구조이며, 물류정보기술에 따른 성과를 도식화하였다.

또한 다른 연구에서도 물류정보시스템의 도입 및 활용을 통한 물류성과 제고에 관한 연구를 통해 기업의 물류정보시스템 활용과 성과에 영향을 미치는 구조를 기업의 내부환경요인 과정→정보시스템의 활용→물류성과라는 선순환 과정으로 이루어진다. 이러한 순환 과정을 통해 기업내부의 물류관리 전략과 성과의 측면을 제시하였다.

또한 Bagchi & Virum,(1998)[138]은 유럽의 물류 제휴에 관한 경영 모델을 제시하면서 1단계를 제휴를 위한 기초단계로, 2단계를 계획 및 관리 단

---

137) Katrina P. Savitskie(2003), "The Impact of Logistics Strategy and logistics Information Technology Process on the Service Performance," Unpulished ph. D. Dissertation, Michigan State University.

138) P. K. Bagchi, and Virum, H.(1998), "Logistical Alliance: Trends and Prospects in Integrated Europe," *Journal of Business Logistics*, vol.19, no.1.

계로, 3단계를 운영·평가 및 통제 단계로 나누어 물류제휴과정을 제시하였다.[139] 이상의 연구를 토대로 한 본 연구의 개념적 연구 모형은 기업의 환경적인 측면인 기업의 내부적 특성과 외부적 특성→e-Logistics 활용→물류성과라는 순환 과정으로 구성되며, 이를 도식화하면 〈그림 4-2〉와 같다.

<그림 4-2> 본 연구의 개념적 연구모형

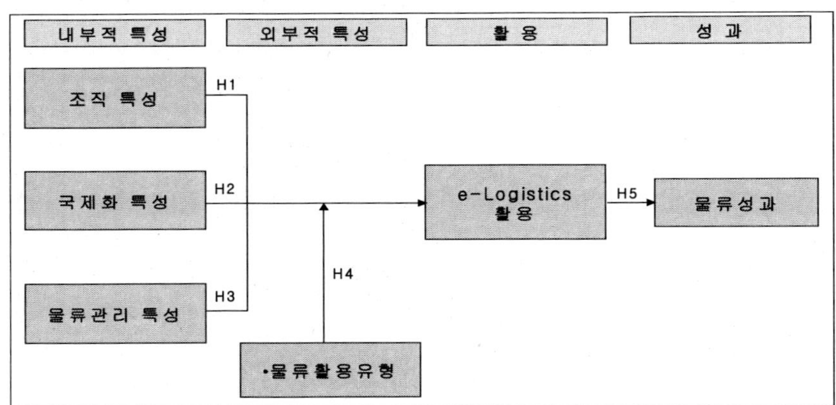

제2절 가설의 설정

1. 내부적 특성요인과 e-Logistics 활용도

1) 조직특성과 e-Logistics 활용도

기술혁신의 채택은 새로운 상품을 시도하려는 자발적 의도를 의미한

---

139) 이와 관련한 사항은 〈그림 3-1〉에서 자세히 설명하고 있다.

다.140) 혁신의 도입이나 활용에 있어 영향을 미치는 요인들을 밝히기 위한 연구들은 조직이론 측면에서 오랫동안 이어져 왔다. Kown & Zmud(1987)141)는 혁신의 도입과 확산에 영향을 미치는 요인으로 개인적 요인, 과업적 요인, 혁신 관련 요인, 조직 구조적 요인과 환경적 요인으로 구분하여 설명하고 있다.

김용덕·안철경(2004)142)에서는 실행단계별 성과에 영향을 주는 요인 즉 독립변수로 조직적 특성과 전략적 특성을 보았다. 조직적 특성 측면으로는 기업규모, 전자조직화 및 IT 인프라 구축을, 전략적 특성 측면에서는 실행수준, e-Trade 경영전략, 활용경력을, 그리고 산업적 특성 측면에서는 정보화 수준에서 추출하였다.

본 연구에서는 조직특성으로 기업규모, 거래빈도, 조직혁신성향, 정보화 수준 등을 독립변수로 하여 e-Logistics 활용에 유의한 영향을 미치는지에 관해 알아보기로 한다.

가설 Ⅰ : 조직특성은 e-Logistics 활용도에 유의한 영향을 미칠 것이다.

(1) 기업규모

기업규모에 관한 연구는 물류관리 측면뿐만 아니라 정보기술 측면에서도 많이 보이고 있는데, 대부분의 연구에서 조직의 규모가 클수록 정보 시스템의 구현에 긍정적인 영향을 미치는 것으로 조사되었지만(Grover, 199

---

140) E. M. Rogers(1995), "The Diffusion of Innovations," 4th ed., *The Free Press*, New York, NY.

141) T. H. Kwon and R. W. Zmud(1987), "Unifying the fragmented models of information systems implementation," *Critical Issues in information Systems Research*, New York: John Willy, pp. 252-257.

142) 김용덕·안철경(2004), "대기업 대 중소기업별 전자무역 성과에 영향을 주는 요인에 관한 실증연구", 「국제경영연구」, vol.15, no.1, 한국국제경영학회.

112

0[143]; 김병곤·정영수(2003),[144] 조직규모가 작을수록 더욱 유연하게 신기술을 받아들일 수 있다는 연구도 보이고 있다(Muller & Tiltom, 1979[145]; Romeo, 1975[146]).

조직의 규모가 커질수록 분업화로 부서의 수가 증가되며, 분화된 단위부서 간의 조정관리활동을 체계적으로 시행하기 위한 관리활동의 필요성이 증가될 것이며,[147] 특히 EDI 시스템과 같은 관련 부서가 많은 신기술 도입에서는 그 중요성이 더욱 증가될 것이다. K. Lal(2004)[148]은 e-비즈니스 기술의 채택요인이라는 연구에서 기업의 기술적 과정과 크기 간에는 아주 당연한 관계가 있다고 보고, 기업의 크기는 새로운 기술을 취득하는데 재정적 자원을 제공하고 혁신적 행위를 가능케 한다고 하였다. 몇몇 연구들(Siddharthan, 1992[149]; Lall, 1983[150])도 기업 조직의 크기와 혁신적 행위 간에는 긍정적인 관계가 있음을 밝혔다.

하지만 이러한 대부분의 기업의 크기와 정보기술의 도입 간의 정의 관

---

143) V. Grover,(1990), "Factors Influencing Adoption and Implementation of Customer-Based Inter-Organizational System," Unpublished Ph. D. Dissertation, University of Pittsburgh.

144) 김병곤·정영수(2003), "관리특성과 조직특성이 EDI 구현에 미치는 상호작용 효과분석", 「경영정보학연구」, 제13권 제2호, 한국경영정보학회.

145) D. C. Muller, and Tilton, J. E.(1979), "Research and Development Costs as a Barrier to Entry," *Canadian Journal of Economics*, vol.2, No.4, PP.570-579.

146) A. Romeo(1975), "Interindustry and Interfirm Difference in the Rate of Diffusion of an Innovation," *The Review of Economics and Statistics*, Vol.4, No.2, pp.311-319.

147) 김인수(1999), 거시조직이론, 개정판, 「무역경영사」.

148) K. Lal(2004), "Determinants of the Adoption of e-business Technologies," *Telematics and Informatics*.

149) N. S. Siddharthan(1992), "Transaction Costs, Technology Transfer and in-house R&D: A Study of the Indian Private Corporate Sector," *Journal of Economic Behaviour and Organisations* 18, pp.265-271.

150) S. Lall(1983), "Determinants of R&D in a LDC," *Economic Letters* 13, pp.379-383.

계에도 불구하고, 정보기술이나 도입 시스템 자체의 특성을 고려해야 할 것이다. 본 연구에서는 e-Logistics의 활용이 물류기업과의 관련성에 따라 결정되는 것으로 보고, 물류의 대부분을 직접처리 하지 못하는 소기업의 경우 관련 물류업체와의 원활한 의사교류와 정보교환을 위해 e-Logistics를 더 활용할 것으로 보고 다음과 같은 가설을 설정한다.

> 가설 Ⅰ-1: 기업규모가 작을수록 e-Logistics 활용도는 높게 나타날 것이다.

(2) 거래빈도

거래빈도는 일정기간 동안 물류서비스 구매기업과 공급기업 간에 이루어지는 거래횟수를 말한다. 거래비용이론에 따르면 거래빈도가 많은 경우 계약, 협상 등에 따르는 거래비용을 낮추기 위해서는 거래관계를 지속하거나 통합하는 것이 유리하다(Williamson, 1975). 이를테면 경로통합 관련 연구에서도 거래빈도가 높을 경우에는 경로의 통합이 경로성과를 크게 하는 것으로 나타났다.

본 연구에서는 거래빈도를 물류서비스 제공과 구매기업 간의 거래빈도가 아닌 수출입기업의 수출입건수를 거래빈도의 측정 항목으로 한다. 수출입기업이 거래빈도가 높을 경우에는 거래에 따른 각종 절차를 단순화하고, 매 거래에서 필요로 하는 서류를 줄이는 등의 활동으로 물류비용을 절감할 수 있기 때문이다. 다시 말해 거래관계가 빈번한 경우 매 거래 시 교섭과 각종 계약서 등을 다시 작성해야하는 불편한 점과 거래비용 때문에 화주기업의 물류효율성을 높이기 위한 시스템 도입을 시도할 가능성이 크기 때문이다.[151]

그리고 Kym(1991)에서는 경쟁강도, 제품의 복잡성, 거래빈도, 외부기관

---

151) 이종학·권영철(2002), "물류아웃소싱의 결정요인과 성과에 관한 연구", 「무역학회지」, 제27권 제2호, 한국무역학회, p.273~276.

114

의 정보시스템 사용압력 등을 제시하여 인터넷 무역 동기에 영향을 미치는 요인으로 연구하였다. 최장우(2000)도 인터넷 무역동기를 유발하는 요인으로 거래빈도를 측정하였다. 그 결과 월평균 수출건수로 측정한 수출거래 빈도가 높을수록 인터넷 무역 동기가 강할 것이라는 가설이 채택되었다. 이러한 결과는 수출거래빈도가 높은 기업일수록 비용절감·업무 개선 및 고객관계 구축·강화를 위한 인터넷 무역 동기가 강하다는 것을 시사한다. 이상과 같은 근거로 다음과 같은 가설을 설정할 수 있다.

가설 I-2: 거래빈도가 높을수록 e-Logistics 활용도는 높게 나타날 것이다.

---

(3) 조직혁신성향

Goodhue(1998)과 Lucas & Spilter(1999)에 의해 수행된 실증 연구에서 상대적 이점, 적합성 및 복잡성 3개의 요인이 혁신 기술의 수용에 지속적으로 영향을 미치는 것으로 나타났다. 유일·신정신·소순후(2004)[152]의 연구에서도 이상의 연구를 발전시켜 상대적 이점, 적합성 및 복잡성요인과 더불어 비용요인을 추가하여 혁신기술의 수용에 관련된 연구를 하였다.

혁신에 관한 연구는 EDI도입에 관한 연구에서 많이 찾아 볼 수 있는데, 상대적 이점은 혁신이 대체하려는 사상보다 더 좋은 것으로 인식되는 정도이며,[153] 혁신이 현 상태 또는 다른 혁신보다 더 큰 이점들을 기업에게 제공하는 것으로 인식된 정도이다.[154] IT의 상대적 이점에 대한 긍정적 인지

---

152) 유일·신정신·소순후(2004), "중소기업 최고경영층의 조직 간 정보시스템 이용 의도에 영향을 미치는 요인에 관한 연구", 「중소기업연구」, 제26권 제1호, 한국중소기업학회.

153) E. M. Rogers(1983), Diffusion of innovation, 3d ed. Free Press.

154) T. H. Kwon and R. W. Zmud(1987), "Unifying the fragmented models of information systems implementation," *Critical Issues in information Systems*

가 사용자에게 해당기술 사용을 위한 인센티브를 제공하고, 사용자가 해당 성과에 만족 한다면, EDI의 더 큰 구현 성공을 가져온다고 하였다. 하지만 상대적 이점이라는 용어를 새로운 기술에 대한 비교 관련 기술이 존재하여야 한다는 것을 가정해야 하기 때문에, 시스템 최초 도입 시에 사용하기에는 적절하지 않는 것으로 판단되어 본 연구에서는 혁신 수용성으로 전환하여 연구하기로 한다.

적합성은 혁신이 잠재적인 도입 기업들의 가치들, 경험들, 필요성과 일치하는 것으로 인식되는 정도이며, 혁신이 잠재적인 도입기업의 현재의 시스템들, 가치들, 실무들 그리고 절차들과 일치할수록 혁신은 더욱더 도입된다.155) 적합성은 도입 기업의 현 업무와 일치하는 정도를 의미하며, 적합성은 혁신의 도입과 확산을 설명하는 데 중요한 변수이다.156) 새로운 IT가 기업의 현재의 가치 및 업무 관행에 적합하지 않기 때문에, 부적합성이 혁신도입을 방해요인 중의 하나이다.157)

본 연구에서는 e-Logistics의 적합성을 수용능력으로 보고 조직과 기술로 나누어 조직적 적합성과 기술호환성을 분석하고자 한다. 본 연구에서는 조직혁신 성향에 관해 혁신 수용성과 적합성으로만 구분하여 연구한다. e-Logistics 현 단계가 도입단계임을 고려하여 혁신 기술의 수용과 관련된 연구에서 정보기술의 사용에 대한 지각(Perception)요인들 중 이들 변수가 기업의 e-Logistics 활용도와 성과에 영향을 미치는 것으로 가설을 설정하였다. 이러한 연구를 바탕으로 e-Logistics 도입과 활용을 기업에 있어 혁신의 도입과 활용으로 보고 다음과 같은 가설을 설정할 수 있다.

Research, New York: john Willy, pp.252-257.

155) E. M. Rogers(1983), Diffusion of innovation, 3d ed. Free Press.

156) Louise G. Tornatzky, and Klein, J. K.(1982), "Innovation Characteristics and Innovation Adoption-Implementation," *IEEE Transactions on Engineering Management*, vol.29, no.1.

157) T. H. Kwon, and R. W. Zmud(1987), "Unifying the fragmented models of information systems implementation," *Critical Issues in information Systems Research*, New York: john Willy, pp.252-257.

> 가설 Ⅰ-3: 조직혁신성향이 높을수록 e-Logistics 활용도는 높게 나타
> 날 것이다.

(4) 정보화 수준

Grover & Goslar(1993)[158]는 조직내부의 정보시스템은 성숙도에 따라 정보기술의 도입에 영향을 미친다고 하였다. 여러 학자들의 연구들(Grover & Goslar, 1993; Rogers, 1983[159]; Earl, 1993[160])에서 정보시스템의 성숙도가 기술의 도입과 채택, 실행단계의 긍정적인 관계를 보여주고 있다.[161]

또한 물류관리 부분에서도 IT의 중요성은 대두되는데, Bowersox & Daugherty(1987)[162]는 선진 물류 실행과 관련한 일반 요소 중의 하나로써 정보기술의 중요성을 주장하였다. 따라서 최고 수준의 기업들은 실시간으로 정보의 흐름을 가능하게 하고 IT 수용성 때문에 지역을 동시에 운용할 수 있다.[163] e-Logistics의 활용은 기업자체의 시스템 사용 시에도 물류제공업체와의 원활한 네트워킹을 위해서도 기업의 일정수준의 정보화 수준을 요하기 때문에, 이상의 연구를 바탕으로 e-Logistics 도입을 기업의 정보기

---

158) V. Grover and Goslar, M. D.(1993), "The Initiation, Adoption, and Implementation of Telecommunications Technologies in U.S. Organizations," *Journal of Management Information Systems*, vol.19, No.1, Summer 1993, pp.32-45.

159) E. M. Rogers(1983), Diffusion of innovation, 3d ed. Free Press.

160) M. J. Earl(1993), "Experience in Strategic Information Systems Planning: Editor's Comments," *MIS Quarterly*, vol.17, no.3, pp.2-3.

161) 정윤·노영·강재정(1997), "조직적 특성과 혁신유도 특성이 EDI의 확산에 미치는 영향", 「경영정보학연구」, 제7권 3호, 한국경영정보학회.

162) D. J. Bowersox and Daugherty, P. J.(1987), "Logistics Paradigme: The Impact of Information Technology," *Journal of Business Logistics*, vol.16 no.1.

163) Nada R. Sanderson and Robert Premus(2002), "IT Application in Supply Chain Organizations: A Link Between Competitive Priorities and Organizational Benefits," *Journal of Business Logistics*, Vol.23, No.1.

술 도입으로 보고 다음과 같은 가설을 설정한다.

가설 I -4: 정보화 수준이 높을수록 e-Logistics 활용도는 높게 나타날 것이다.

---

2) 국제화 수준과 e-Logistics 활용도

방희석·박영재(2000)[164]는 수출입 기업의 국제수송수단 선택에 관한 실증적 연구에서 국제운송수단을 선택할 때 단순수출기업과 글로벌 기업 간에 고려하는 요인이 다른 것으로 나타나 현지지사와의 거래비율이 높은 기업은 낮은 기업보다 수송수단을 선택할 때 비용요인을 중요하게 고려하고 있는 것으로 연구하였다.

이용근(2004)[165]은 글로벌 물류는 국내 물류보다 국경을 초월하여 이루어지기 때문에 수출입수속, 통관절차, 운송방법의 다양화 등 훨씬 복잡한 면이 있다. 특히 운송거리가 길고 대량 화물을 운송하는 경우가 많아 환경적 제약이 뒤따른다고 하였다. 또한 글로벌 물류는 발생비용의 규모가 크기 때문에 수출기업의 경우 국제화 또는 다국적화가 진전될수록 글로벌 물류의 중요성은 더욱 커지게 된다.

하지만 본 연구에서는 매출액 중 해외시장의 매출비중이 큰 기업일수록 대기업으로 간주할 수 있으며, 따라서 가설 I -1에서 제시한 것처럼 소기업의 경우 물류아웃소싱이 많은 것이라는 것과 맥락을 같이하여, 매출액 중 해외시장의 매출 비중이 적을수록 e-Logistics 활용도가 적게 나타날 것으로 가설을 설정한다.

---

164) 방희석·박영재(2000), "수출입 기업이 국제수송수단 선택에 관한 실증적 연구", 「국제해운학회지」, 제30호, 국제해운학회.

165) 이용근(2004), "글로벌 물류의 전략적 틀의 형성에 관한 연구", 「물류학회지」, 제14권 제1호, 한국물류학회.

> 가설 II-1: 기업의 국제화 형태에 따라 *e-Logistics* 활용도는 다르게
> 나타날 것이다.

> 가설 II-2: 매출액 중 해외시장의 매출 비중이 적을수록 *e-Logistics*
> 활용도는 적게 나타날 것이다.

3) 물류관리 특성과 e-Logistics 활용도

물류관리 특성을 물류조직특성과 물류전략특성으로 구분하여 e-Logistics
의 활용도에 미치는 영향을 분석하고자 한다.

(1) 물류조직 특성

물류조직구조는 기업의 전체 조직구조의 영향을 받는다. 고도로 분권화
된 조직에서는 물류조직 역시 이를 따라간다. 통합된 단일 물류부서에서는
수송, 창고관리, 재고관리, 주문관리, 주문처리, 포장, 구매 및 조달 등의 업
무를 책임지게 된다. 이러한 기능은 물류활동의 기본 기능으로서 최종적으
로는 고위직 물류책임자에 의하여 관리되어야 한다. 판매 예측, 원재료 재
고관리, 국제 물류 등의 활동도 부수적으로 물류부서에서 책임지는 경우도
있다.[166]

물류관리 중 물류조직이 어떠한 조직형태를 갖고 누가 물류활동의 관리
책임을 질 것인가 하는 문제가 명확히 제기되어야 하는 것이며, 따라서 물
류활동의 관리책임을 전담하는 물류조직의 존재 및 조직 내에서의 위치에
대한 문제는 중요한 물류 관련 기업구조의 구성요인이라고 할 수 있다.[167]

---

166) 심규열·이현기·김우현(2001), "통합물류정보시스템의 활용이 물류성과에 미
치는 영향에 관한 연구", 「마케팅 과학연구」, 제8집, 한국마케팅과학회.

이러한 물류조직특성은 조직의 형태와 관련 당사자의 도입될 시스템에 대한 태도에 따라 달라질 수 있다. 따라서 본 연구에서 물류조직특성을 물류조직의 공식화, 분권화 정도 그리고 최고경영자와 물류책임자의 태도로 나누어 보고, 이러한 물류조직의 특성이 e-Logistics의 활용도에 유의한 영향을 줄 것으로 가설 설정을 할 수 있다.

> 가설 Ⅲ-1: 물류조직특성이 높을수록 e-Logistics 활용도는 높게 나타날 것이다.

(2) 물류전략특성

물류관리 특성 중 물류전략 특성에 관한 연구는 대부분 물류전략계획으로 집중된다. 물류전략계획에 대한 선행연구에서 Shapiro(1984)는 물류전략으로서 원가절감전략계획과 차별화전략계획을 포함한 총체적 물류전략에 대해 논하였으며 Bowersox & Daugherty(1987)[168]는 공정·시장·경로에 대한 전략을 기술하였고, Bowersox et al(1989)은 물류 전략계획을 수립하는 기업이 우수한 기업임을 발견했다. German(1989)은 대량생산업체가 주문생산업체보다 공식적 물류전략계획을 수립하고 있고, 물류전략계획을 갱신하는 빈도가 낮음을 발견하였다. 우량기업은 일반기업에 비해 첨단장비를 신속히 받아들인다고 한다. 이러한 연구의 검토결과 물류전략계획의 수립 정도가 높은 기업이 더 많은 첨단장비를 받아들일 것으로 볼 수 있다.[169]

---

167) D. J. Ray, Gattorna, and M. Allen(1980), "Handbook of Distribution Costing and Control", *International Journal of Physical Distribution and Materials Management*, vol.10, no.5/6.

168) D. J. Bowersox and Daugherty, P. J.(1987), "Logistics Paradigme: The Impact of Information Technology," *Journal of Business Logistics*, vol.16 no.1.

169) 김진호·김미영(1997), "물류정보시스템 수용 정도와 물류성과 측정 기준 간의 관계에 관한 연구", 「충청회계학연구」, 제2권 제1호, 충청회계학회.

Grover(1990)[170]는 전략적 정보시스템 플래닝을 기업의 전략과 정보시스템 전략 간의 연계성의 수립으로 정의하고, 정보시스템으로부터 기업의 성과를 얻기 위해서는 기업전략과 IT 전략의 결합이 중요하다고 주장하였다. 경영전략의 실행은 EDI 등의 성공적인 구현에 중요한 요인이 된다.[171] 이와 같이 대부분의 연구자들은 정보기술과 관련된 시스템과 경영전략은 기업을 둘러싸고 있는 전반적인 환경변수―조직의 의사결정체제, 조직유형, 협력관계, 경쟁전략에 의해 결론을 내리고 있다.[172] 이상과 같은 연구를 배경으로 다음과 같은 가설을 설정한다.

> *가설 Ⅲ-2: 물류전략의 수립 정도가 높을수록 e-Logistics 활용도는 높게 나타날 것이다.*

2. 외부적 특성요인과 e-Logistics 활용도

물류 단계의 발전과정이 물류창고 등 고정자산 비용을 줄이고 아웃소싱 등 핵심기술에 의존한 시스템으로 이행하고 있다고 볼 때,[173] e-Logistics의 확산도 화주 측의 의도가 아닌 물류기업 위주의 양상으로 발전해 나갈 것

---

170) V. Grover(1990), "Factors Influencing Adoption and Implementation of Customer-Based Inter-Organizational System," Unpublished Ph. D. Dissertation, University of Pittsburgh.

171) Hamid Tavakolian(1989), "Linking Information Technology Structure with Organization Competitive Strategy: A Survey," *MISQ*, September, pp.309-317.

172) 김용덕·안철경(2004), "대기업 대 중소기업별 전자무역 성과에 영향을 주는 요인에 관한 실증연구", 「국제경영연구」, vol.15, no.1, 한국국제경영학회.

173) 박승봉·서준석(2003), "e-logistics 실행에 영향을 미치는 조직특성 요인에 관한 탐험적 연구", 「인터넷전자상거래연구」, 제3권 제2호, 한국인터넷전자상거래학회.

이다. 선행연구에서도 볼 수 있듯이 물류 아웃소싱 중 물류정보시스템 아웃소싱의 비중이 높게 나타고 있고, 기업이 물류의 대부분을 아웃소싱에 의해 외부화하는 움직임이 가시화되고 있다. 따라서 물류활용유형이 기업의 물류관리특성에 어떠한 조절역할을 하는지에 관한 분석이 요구되고 있다.

Rajesh Piplani et al(2004)[174]은 기업이 IT 시스템을 채택하면 할수록 파트너와 고객과 IT 시스템을 통합하는 것이 긴급하다고 피력하며, 그것은 시스템의 효율성을 증가시키고 새로운 가치를 창출하는 데에도 중요하다고 하였다. 이러한 통합의 필요성과 함께 앞서 설명한 화주기업의 물류아웃소싱의 확대로 인해 물류활용유형은 기업의 e-Logistics 활용도에 큰 영향을 미칠 것으로 보고, 다음과 같은 가설을 설정할 수 있다.

> *가설 Ⅳ-1: 물류활용유형에 따라 e-Logistics 활용도는 다르게 나타날 것이다.*

> *가설 Ⅳ-2: 물류활용유형에 따라 조직, 국제화, 물류관리특성은 e-Logistics 활용도에 다르게 영향을 미칠 것이다.*

3. e-Logistics 활용도와 물류성과

기업에게 있어 정보화 도입은 정보기술을 단순하게 도입하여 활용하는 것이 아니라, 정보기술을 조직에 적용·연계하여 비교우위를 확보하는 것이다. 마찬가지로 물류관리에 있어서 물류정보와 정보기술 활용의 중요성이 언급

---

174) Rajesh Piplani, Shaligram Pokharel, and Albert Tan(2004), "Perspectives on the Use of Information Technology at Third Party Logistics Service Providers in Singapore," *Asia Pacific Journal of Marketing and Logistics*, vol.16 no.1.

되고 있다. 또한 선행연구들의 실증결과에서도 물류정보시스템의 활용이 물류성과와 직접적인 영향요인임을 밝혀냈었다(Bowersox, 1989; Germain, 1989; Saunders & Jones, 1992). 국내 연구에서도 물류정보시스템의 활용수준이 높을수록 물류성과가 높다는 것이 실증적으로 검증되었다.[175]

e-Logistics 관련 연구에서 조찬혁(2003)은 기업이 e-Logistics 활용 후 비용개선과 서비스 개선(투자 감소효과, 문의 전화 감소효과, 매출규모 증대효과, 신속성 증대효과, 정보관리 용이성 증대, 픽업/인도의 확실성, 멸실/손상 감소)의 효과가 있는 것으로 밝혔다. 이제현(2003)에서도 기업이 e-Logistics를 활용할 경우 국제 물류에 있어 거래비용감소, 국제협력관계 증진 등의 성과를 가져오고 있는 것으로 주장하였다. 따라서 본 연구에서는 e-Logistics 시스템의 활용과 물류성과 간의 관계에 대하여 다음과 같은 가설을 설정하였다.

---

175) 박선태·권기대·김승호(2002), "물류관리와 물류성과에 있어서 물류정보시스템의 매개효과", 「산업경제연구」, vol.15, no.3, 한국산업경제학회.

> *가설 Ⅴ : e-Logistics 활용도가 높을수록 물류성과는 높게 나타날 것이다.*

<표 4-1> 본 연구의 가설 요약

가 설	가설 내용
가설 Ⅰ	조직특성은 e-Logistics 활용도에 유의한 영향을 미칠 것이다.
가설 Ⅰ-1	기업규모가 작을수록 e-Logistics 활용도는 높게 나타날 것이다.
가설 Ⅰ-2	거래빈도가 높을수록 e-Logistics 활용도는 높게 나타날 것이다.
가설 Ⅰ-3	조직혁신성향이 높을수록 e-Logistics 활용도는 높게 나타날 것이다.
가설 Ⅰ-4	정보화 수준이 높을수록 e-Logistics 활용도는 높게 나타날 것이다.
가설 Ⅱ	기업의 국제화 수준에 따라 e-Logistics 활용도는 다르게 나타날 것이다.
가설 Ⅱ-1	기업의 해외진출형태에 따라 e-Logistics 활용도는 다르게 나타날 것이다.
가설 Ⅱ-2	전체 매출 중 해외시장의 매출비율이 높을수록 e-Logistics 활용도는 낮게 나타날 것이다.
가설 Ⅲ	물류관리특성은 e-Logistics 활용도에 유의한 영향을 미칠 것이다.
가설 Ⅲ-1	물류조직특성이 높을수록 e-Logistics 활용도는 높게 나타날 것이다.
가설 Ⅲ-2	물류전략계획의 보유 정도가 높을수록 e-Logistics 활용도는 높게 나타날 것이다.
가설 Ⅳ-1	물류활용유형에 따라 e-Logistics 활용도는 다르게 나타날 것이다.
가설 Ⅳ-2	물류활용유형에 따라 조직, 국제화, 물류관리특성은 e-Logistics 활용도에 다르게 영향을 미칠 것이다.
가설 Ⅴ	e-Logistics 활용도가 높을수록 물류성과는 높게 나타날 것이다.

제3절 변수의 조작적 정의와 측정

1. 내부적 특성 요인

본 연구의 목적에 맞게 제시한 가설의 변수들을 측정하기 위해 다음과 같은 변수의 정의를 내리고 측정하였다.

1) 조직특성

(1) 기업규모

기업특성 중 일반적으로 지적되는 변수는 기업규모이다. 기업규모는 기업에 종사하는 사람의 수의 관점에서 정의되지만, Kimberly(1976)[176]는 개념적으로 규모를 어떻게 정의해야 하는지에 대해 조직론상에서 합의된 바는 없다고 하였다. 그리고 그는 문헌연구를 통해, 종업원 수가 가장 일반적인 기업규모의 측정요인임을 지적하였다. 또한 그는 종업원 수를 제외하고 가장 많이 사용하는 측정요인으로 기업능력, 서비스를 제공한 고객의 수, 순 자산, 그리고 매출액 등을 제시하였다. 그러므로 종업원 수, 기업 또는 사업단위의 연간 매출액과 같은 변수들이 기업규모를 분석하는 데 이용될 수 있다. 또한 기업규모는 기업성과와 혁신에 중요한 영향을 미치는 것으로 인식되고 있다.[177]

---

176) John R. Kimberly(1976), "Organizational Size and the Structuralist Perspective: A Review Critique and Proposal", *Administritive Science Quartely*, 21 (December), pp.571~597.

177) 노승혁(2001), "기업특성에 따른 물류정보시스템 관련 요인이 물류성과에 미치는 영향에 관한 실증적 연구", 「중소기업연구」, 제23권 제3호, 한국중소기업학회, p.214.

Lippman et al.(1987)[178]은 자원을 보유한 기업만이 연구개발을 수행할 수 있기 때문에 기업규모가 큰 기업이 혁신을 독점하고 있다고 했다. 그리고 Kimberly(1976)[179] 역시 기업규모가 클수록 혁신수용의 가능성이 높기 때문에 규모와 수용 간에 관련성이 있다고 제시하였다. 따라서 기업규모에 따라 e-Logistics 활용도에 어떠한 관계가 있는지를 규명해 볼 필요가 있는 것이다. 조직규모를 측정하는 항목으로 Ein-Dor & Segev(1982)[180]의 연구에서는 해당업종에서의 상대적인 크기, 종업원의 수, 매출액으로 하였다. 본 연구에서는 이상과 같은 선행연구를 바탕으로 기업의 규모를 종업원 수로 측정하고, 일반적인 기업규모인 종업원 수 300인의 기준이 아닌, 300명 이내, 300명에서 1000명 이내, 1000명 이상의 규모로 소·중·대로 구분하였다. 일반적으로 사용하고 있는 300인 기준은 본 연구의 e-Logistics 활용과 물류활용유형을 나타내기 위한 대표성을 확보하기엔 범위적 방만성으로 인해 이상과 같이 구분하여 연구하였다.

(2) 거래빈도

거래빈도는 대부분의 경우 공급자와 소비자와의 거래건수로 측정함으로 수출거래빈도가 높은 기업일수록 비용절감·업무 개선 및 고객관계 구축·강화를 위한 인터넷 무역 동기가 강하다는 것을 알 수 있다는 최장우(2000)[181]의 연구처럼, 본 연구에서도 월평균 수출건수로 측정한 수출거래

---

178) S. A. Lippman and K. F. McCardle(1987), "Does Cheaper, Faster, or Better Imply Sooner in the Timing of Innovation Decision?", *Management Science*, pp.1058~1064.

179) John R. Kimberly, (1976), "Organizational Size and the Structuralist Perspective: A Review Critique and Proposal", *Administrtive Science Quartely*, 21 (December), pp.571~597.

180) Philip Ein-Dor and Eli Segev(1982), "Organizational Context and MIS Structure," *MIS Quarterly*, September.

181) 최장우(2000), "수출기업특성과 인터넷 무역동기와의 관계에 관한 연구", 「산업경제연구」, 제13권 제5호, p66~67, 한국산업경제학회.

빈도를 거래빈도의 측정 기준으로 삼기로 한다.

(3) 조직혁신특성

① 혁신 수용성

혁신수용 연구에 있어 지각된 이익이나 상대적 이점이라는 용어로 사용되고 있는 개념은 기업이 웹 사이트 기술을 채택함으로써 얻을 수 있는 중요한 이익으로, 업무처리 비용감소, 보다나은 고객서비스 제공가능, 경쟁능력 증가, 새로운 고객에게 접근 가능, 기존 고객과의 관계향상, 업무효율성 수준 향상에 관한 구성원의 인지 정도이다. Premkumar et al.(1994)[182]의 연구에서도 EDI 거래 기업이 도입·개발, 구현 과정에서의 참여 구성원에 대한 동기 부여의 용이 정도, EDI를 통한 거래 수행의 우수성 정도, EDI 업무 처리와 기존 업무 처리 간의 우수성에 관한 인지 정도를 통해 관찰하고 있다. 본 연구에서는 이와 같은 개념을 혁신 수용성이라는 개념으로 변환시켜 고객서비스와 관계향상 예상 정도와 업무 및 경쟁능력 향상 예상 정도로 측정하였다.

② 수용능력

수용능력은 기존 혁신연구에서 다루는 적합성으로 Premkumar et al.(1994)은 EDI와 유사한 IS경험과의 인지된 적합성 정도, EDI와 하부구조 간의 적합성 정도, EDI와 기업 가치관 간의 인지된 적합성 정도, EDI와 업무절차 간의 인지된 적합성 정도를 변수로 보고 있다. 혁신특성 중 적합성은 Tornatzky & Klein(1982),[183] Prekumar et al.(1994) 등이 제시한 조직

---

182) G. Premkumar, Ramamurthy, K., and Nilakanta S.(1994), "Implementation of Electronic Data Interchange; An Innovation Diffusion Perspective," *Journal of Management Information Systems*, vol.11, no.2.

183) G. Tornatzky, Louise and Klein, J. K.(1982), "Innovation Characteristics and Innovation Adoption-Implementation," *IEEE Transactions on Engineering Management*, vol.29, no.1.

적 적합성과 기술적 호환성 그리고 경과기간을 선정하였다.[184] 본 연구에 서는 적합성을 그 기업의 수용능력으로 보고 조직적 적합성과 기술호환성 으로만 분류하여 측정하였다.

서창교·이형석(2000)[185]는 Pierce & Delbecq(1997)[186]의 연구를 통해 혁신은 단일시점에서 발생하는 일회성이 아니라 몇 단계를 거쳐 조직에 흡수 되기 때문에 기술혁신의 과정은 인식(initiation)단계, 채택(adoption)단계, 구 현(implementation)단계의 세 과정으로 나뉜다고 하였다. 따라서 e-Logistics 활용의 정도를 혁신의 어떤 단계에 적용시킬 것인가 하는 문제에 도달하게 되는데, 혁신수용성을 인식단계 그리고 수용능력을 채택단계로 적용시킬 수 있다. 본 연구에서는 e-Logistics 활용에 있어 조직의 혁신성향이 중요한 것 으로 보고 혁신수용성과 수용능력으로 나누어 측정하고자 한다.

<표 4-2> 조직혁신성향에 관한 측정변수

독립변수	측정변수		설문내용	척 도
조직혁신 성향	혁신수용성		고객서비스와 관계향상 예상 정도 업무 및 경쟁능력 향상 예상 정도	리커트형 5점 척도
	수용능력	조직적합성	e-Logistics가 현재의 업무절차의 규정과 일치하는 정도 물류조직과 e-Logistics system과의 적합 정도	
		기술 호환성	e-logistics시스템과 기존 하드웨어와 소프트웨어와의 호환가능성 e-logistics의 구축 및 사용상의 용이성	

184) 이재원·이영환(2000), "EDI 시스템의 확산과 성과에 관한 실증적 연구", 「경 영정보학연구」, 제10권 제4호, 한국경영정보학회.

185) 서창교·이형석(2000), "기술혁신의 관점에서 전자상거래 도입단계의 실증분 석", 「경영정보학연구」, 제10권 제2호, 한국경영정보학회.

186) J. L. Pierce and Delbecq, A. L.(1977), "Organization Structure, Individual Attitudes and Innovation", *Academy of Management Review*, Vol.2, No.1, pp.27-37.

(4) 정보화 수준

정보시스템의 수준을 측정하기 위하여 여러 학자들이 다양한 측정방법을 제시하고 있다. 예를 들어 최고 경영층의 정보기술에 대한 지식,[187) 최고 경영층의 정보시스템 계획에 대한 관여도, 정보 기술의 조직 내 확산 정도, 비용보다는 조직의 목표에 근거한 성과 측정정도[188) 등에 의하여 정보시스템의 수준을 측정하였다. Benbasat et al.(1980)[189)은 정보시스템의 성숙도를 기업의 업무전산화 정도, 최고경영자의 지원 정도, 전산교육 실시 정도, 하드웨어 확보 정도의 4개의 항목으로 측정하였다.

정보화 수준은 앞서 기술한 혁신특성 중 수용능력과 일치하는 부분이 없지 않으나, 수용능력이 혁신과의 조직 적합도인 것에 비해 정보화 수준은 기업의 전반적인 정보화 수준임을 고려할 때, 혁신의 수용능력과는 다소 거리가 있다고 판단하여 별개로 분리하여 연구하기로 한다. 정보화 수준의 측정변수로는 업무전산화 정도, e-Logistics 도입과 관련한 네트워크(예: LAN)와 관련된 H/W 및 S/W를 보유 정도, 사내의 전산교육 실시 정도 등으로 분류하여 연구하기로 한다.

---

187) A. L. Lerderer and Mendelow, A. L.(1986), "Issues in Information Systems planning", *Information & Management*, Vol.10, No.5, pp.245-254.

188) I. Benbasat, Dexter, A. S. and Mantha, R. W.(1980), "Impact of Organizational Maturity on Information System Skill Needs", *MIS Quarterly*, Vol.4, No.1, pp.21~34.

189) I. Benbasat, Dexter, A. S. and Mantha, R. W.(1980), "Impact of Organizational Maturity on Information System Skill Needs", *MIS Quarterly*, Vol.4, No.1, pp.21~34.

<표 4-3> 정보화 수준에 관한 측정변수

독립변수	설문내용	척 도
정보화 수준	업무 전산화 및 정보시스템 활용 정도	리커트형 5점 척도
	e-Logistics 도입과 관련한 네트워크(예: LAN)와 H/W 및 S/W의 보유 정도	
	사내의 전산교육 실시 정도	

2) 국제화 수준

국제화된 기업은 생산 활동에 필요한 생산요소의 조달과 제품이나 서비스를 판매하는 데 있어서 해외시장에 의존하는 정도가 높은 기업이기 때문에, 통상적으로 기업의 국제화는 해외시장에서의 매출이 전체매출에서 차지하는 비율로 측정된다. 또한 국제화된 기업의 영업활동이 지역적으로 분산되기 때문에 기업의 국제화는 해외시장에서의 매출이 지역적으로 분산되어 있는 정도로 측정되기도 한다.[190] 본 연구에서는 해외시장에서의 매출이 전체매출에서 차지하는 비율과 해외진출 형태 등으로 나누어 e-Logistics와의 관계를 측정한다.

3) 물류관리특성

(1) 물류조직구조

심규열 · 이현기(2001)[191]는 물류조직구조를 분석하기 위해 선행연구에서

---

190) 박종훈 · 이호욱(2004), "최고경영진의 다양성과 기업의 국제화 수준 간의 관계: 국제적 제휴의 매개효과", 「국제경영연구」, 제15권 제2호, 한국국제경영학회에서 재인용.

191) 심규열 · 이현기(2001), "통합물류정보시스템의 활용이 물류성과에 미치는 영

130

검토한 것을 바탕으로 공식화 정도와 분권화 정도 등 2가지 영역의, 공식화 정도는 물류관리보고서의 작성 빈도, 물류전략계획의 존재 정도, 물류부문에서 상사와 다른 의견을 하층에서 개진하는 정도, 물류부문의 중요사항에 대한 업무담당자와의 의견개진 정도 등을 다루었다. 물류조직구조는 공식화, 분권화의 차원으로 나누며, 공식화 정도가 높은 기업이 정보시스템의 성숙도가 높고(Bowersox, 1989), 분권화된 조직구조를 가진 제조업자는 집권화 된 조직구조를 지닌 제조업자보다 공식적인 물류전략계획을 갖고 있지 못하다.[192]

그리고 관리자의 인지도, 물류관리계획의 구축능력, 물류정보시스템의 구축 및 관리능력 등은 많은 연구에서 정보관리를 위한 기술혁신이나 정보기술 구축과 성과에 긍정적인 영향을 미치는 것으로 나타나고 있다.[193] 이러한 연구를 바탕으로 본 연구에서는 물류조직구조를 그 조직의 공식화 정도와 분권화 정도, 최고 경영자의 인지도, 물류책임자의 인지도로 나누어 연구하기로 한다.

<표 4-4> 물류조직구조특성 측정변수

독립변수	측정변수	설문내용	척 도
물류조직 구조	공식화	물류업무에 대한 물류부서의 절차나 체계화 정도	리커트형 5점 척도
	분권화	물류계획 수립, 조정 및 업무분담에 대한 물류부서의 의사결정 권한 정도	
	최고경영자의 인지도	물류관리의 필요성 인식과 참여 정도 e-Logistics의 도입에 관한 관심 정도	

향에 관한 연구", 「마케팅과학연구」, Vol.8, No.1, 한국마케팅과학회.

192) C. L. Droge, Richard Germain and Patricia J. Daugherty(1989), "Servicing the Exchange Relationship: Organizational Configuration and its effect on Intra-Firm and Buyer-Seller Communication", *Working Paper.*

193) P. J. S. Bruwer(1984), "A Descriptive Model of for Computer-based Information System," *Information & Management*, Vol.7.

(2) 물류전략특성

Shapiro(1984)는 물류전략으로서 원가절감전략, 차별화 전략을 제시하였다. Bowersox et al(1989)은 공식적 물류전략계획을 수립하는 기업은 우량기업이며, 혁신수용을 더 잘하고 있다는 결과를 보여주었다. 이러한 결과를 토대로 본 연구에서는 기업의 e-Logistics 활용을 유인하는 물류전략 특성으로서 물류관리계획의 구축, 성취, 활용 정도로 선택하여 측정한다.

<표 4-5> 물류전략특성 측정변수

독립변수	측정변수	설문내용	척 도
물류전략특성	물류전략계획의 정도	물류전략계획의 수립 정도 물류전략계획의 구체성과 실천 정도 물류전략계획의 성취 정도와 차기 활용도	리커트형 5점 척도

2. 외부적 특성요인

물류활용 유형은 기업의 물류활동을 수행하는 주체가 누구인가에 따라, 기업이 사내에 물류조직을 두고 물류업무를 수행하는 경우에 이를 자사물류(the first party logistics), 기업이 사내의 물류조직을 별도로 분리하여 자회사로 독립시키는 경우에 이를 물류자회사(the second party logistics), 그리고 외부의 전문물류업체에게 물류업무를 아웃소싱 하는 경우를 제3자 물류(the third party logistics)로 분류한다. 하지만 서비스 깊이 측면에서는 물류활동의 운영과 실행⇒관리와 통제⇒계획과 전략으로 발전하는 과정을 거치고, 서비스의 너비 측면에서는 기능별 서비스⇒기능 간 연계와 통합 서비스⇒기업 간 연계와 통합 서비스의 발전 과정을 거친다고 할 수 있다.

따라서 단순한 물류아웃소싱은 제3자 물류로 이행하는 과정에 있는 중

간 단계로 볼 수 있다. 물류아웃소싱이 주로 운영측면에서 원가절감효과를 확대하는 데 초점을 두고 있는 데 반해서, 제3자 물류는 전략적인 관점에서 경쟁우위의 획득과 같은 원가절감 그 이상의 성과를 얻기 위한 것이라고 보아야 한다.[194]

또한 이종학(2002)[195]에서는 다른 분류로 1단계: 물류의 각 기능별(운송, 보관, 하역, 포장, 유통가공, 정보처리 등)로 외부업체에게 단순 외주하는 경우, 2단계: 물류기능을 일괄적으로 아웃소싱 하는 경우, 3단계: 물류전략, 계획수립 및 물류컨설팅 부문까지 포괄적으로 아웃소싱 하는 경우로 나눌 수 있다고 하였다. 이상과 같은 물류아웃소싱 분류를 바탕으로 물류활용유형을 다음과 같이 6가지 단계로 나눠 본 연구의 물류활용유형 형태로 설정해 연구하고자 한다.

ⅰ) 자사 물류, ⅱ) 물류 자회사 위탁, ⅲ) 공동물류, ⅳ) 물류의 각 기능별(운송, 보관, 하역, 포장, 유통가공, 정보처리 등)로 외부업체에게 단순 외주 하는 경우(부분 아웃소싱), ⅴ) 물류기능을 일괄적으로 아웃소싱 하는 경우(일괄적 아웃소싱)물류전략, 계획수립 및 물류컨설팅 부문까지 포괄적으로 아웃소싱 하는 경우(전략적 아웃소싱)와 같이 6가지 단계로 나눌 수 있다.

---

194) 오세영(2002), "중소기업의 국제 물류관리 -제3자 물류업자로서의 국제프레이트포워더활용-", 「중소기업연구」, 제24권 제1호, 한국중소기업학회.
195) 이종학(2002), "물류아웃소싱 유형의 결정요인과 성과에 관한 연구", 「무역학회지」, 제27권 제2호, 한국무역학회.

<표 4-6> 물류활용유형 측정변수

독립변수	설문내용	척　도
물류활용 유형	자사 물류	명목척도
	물류 자회사 위탁	
	공동물류	
	물류의 각 기능별(운송, 보관, 하역, 포장, 유통가공, 정보처리 등)로 외부업체에게 단순 외주하는 경우(부분 아웃소싱)	
	물류기능을 일괄적으로 아웃소싱 하는 경우(일괄적 아웃소싱)	
	물류전략, 계획수립 및 물류컨설팅 부문까지 포괄적으로 아웃소싱 하는 경우(전략적 아웃소싱)	

3. e-Logistics 활용도

이제현(2003)[196]은 e-Logistics의 활용 정도는 인터넷 환경에서 사용가능한 시스템이 구축되었는지의 여부, 수출기업에서 구축한 전사적 관리시스템과의 호환성, 국제 물류과정에 참여할 당사자들과 업무를 전자방식으로 처리하기 위한 전자서식의 개발 정도, e-Logistics로 의사소통하는 비율로 하여 5점 리커트 척도를 이용하여 측정하였다. e-Logistics에 관한 연구가 미리 언급하였듯이 개념적인 수준에 머물고 있기 때문에 e-Logistics에 관한 활용구분을 한 연구는 선행연구에서 찾아보기 힘들다.

본 연구에서는 e-Logistics의 의미를 단순한 인터넷을 이용한 물류기업의 물류업무 처리정도가 아닌 기업이 의도하는 전략적 물류수단이라고 보고, e-Logistics의 주체를 기업으로 보았다. 그러므로 기업이 사용하는 모든 물류 부분의 정보화를 포괄한다고 하겠다. 즉 e-Logistics의 정의를 광의의

---

196) 이제현(2003), "e-물류가 국제 물류의 협력관계에 미치는 영향에 관한 실증연구", 「국제상학」, 제18권 제2호, 한국국제상학회.

범위로 두고 본 연구의 범위로 정한다. 또한 기업이 포괄하는 물류정보화에는 국가기간전산망 활용뿐만 아니라 물류정보시스템 활용 그리고 물류정보기술의 활용을 통한 물류처리 부분을 모두 포괄할 수 있을 것이다.

그러나 이러한 분류에 의한 활용도를 보는 것은 몇 가지 제약이 따른다. 앞에서도 언급하였듯이 국제 물류의 절차가 매우 복잡하고 또한 국제 물류의 절차와 e-Logistics 활용을 절차별로 적용시키기에는 e-Logistics의 활용이 활성화되어 있지 않으며, 물류절차에 따른 e-Logistics의 활용이 많은 부분 중복되고, 같은 기능을 활용하고 있다고 하더라도 수단이 다를 수 있다는 것이다.

따라서 본 연구에서는 정보통신부에서 e-Logistics 표준화 대상 기준으로 채택한 e-Logistics 기능별 활용 분야를 제시하여 설문하였다. 요약하면 〈표 4-7〉과 같다.

<표 4-7> e-Logistics 기능별 활용도를 위한 측정변수

측정변수	설문내용	척도
운송관리 시스템	실시간 운송의뢰 및 접수기능	여/부
	운임, 물량, 화주, 화물 관련 각종 계약 조회기능	
	차량배차 및 정보 확인 기능	
	차량운행 상황 및 화물 수송상황안내기능	
	차량 위치, 공차 등의 Status 제공 기능	
창고 관리 시스템	발주관리 기능	
	입고관리 기능	
	주문관리 기능	
	재고관리 기능	
	출고관리 기능	
	작업 Tracking(단계별 작업 추적 기능)	
	보안관리 기능	
	자동화 설비관리 기능	
	관리정보 제공 기능	
위치 추적 및 조회시스템	실시간 차량위치 추적 및 정보제공 기능	
	수·배송 알선 및 조회기능	
	화물 차량군 관리 기능	
	실시간 최적운행 제공기능	
문서 및 정보 관리시스템	전자문서 및 정보 교환 기능	
	D/B 및 데이터 관리 기능	
	보안 및 인증기능	
	Web 구현 및 컨텐츠 관리 기능	
ULS 및 바코드 시스템	ULS(컨테이너)와 해상용 컨테이너, 파렛트의 표준화와 적합성 확보 및 바코드 시스템의 사용	

4. 물류성과

물류성과를 측정하기 위한 연구는 오랫동안 아주 많은 부분에서 연구되어져 왔다. 노승혁·김철민·서근하(2003)[197]는 물류성과를 물류처리시간 단축, 물류비 절감, 물류생산성 등으로 나누어 성과를 측정하였다. 물류정보시스템 부분의 물류품질개선은 주문처리와 수·배송 활동의 정확성 증대 및 파손율 감소에 기여하는 정도에 대한 평가로 정의한다.

Bagchi(1992)[198]는 물류정보시스템의 구축목적은 물류부문의 경쟁우위확보를 통한 물류성과의 개선에 있고, 따라서 물류정보시스템이 효과적으로 구축·활용될 때 물류성과는 개선될 수 있다고 하였고, 많은 관리자들은 정보기술의 합리적인 사용은 보다 큰 수익과 경쟁력을 갖추게 하는 능력을 강화할 수 있다고 믿는다고 하였다. 또한 Lewis & Talalayevsky(1997)[199]는 정보기술의 활용은 물류거래비용의 감소와 조직 간에 보다 나은 의사소통을 촉진하게 된다고 주장하였다.

이상의 연구를 요약해보면 물류성과는 크게 효율성과 효과성, 비재무적성과와 재무적성과, 고객만족과 비용절감, 생산성과 수익성 향상 등으로 분리 하여 연구되었다. 이러한 부분을 요약해 보면 크게 정성적인 측정이 가능한 성과와 정량적인 측정이 가능한 분야로 나눌 수 있다. 하지만 본 연구가 설문조사에 의한 조사이므로 정량적인 측정에 대한 기업들의 물류비 집계 정도가 어려울 것으로 예상되어 정량적인 측정 분야도 정성적인 기준에 의해 연구됨을 밝힌다.

---

197) 노승혁·김철민·서근하(2003), "물류정보시스템 활용도가 물류성과에 미치는 영향에 관한 연구", 「중소기업연구」, 제25권 제3호, 한국중소기업학회, pp.305~306.

198) P. K. Bagchi(1992), "International Logistics Information System," *International Journal of Physical Distribution and Logistics Management*, vol.22, no.9.

199) I. Lewis and A. Talalayevsky(1997), "Logistics and Information Technology: A Coordination Perspective," *Journal of Business Logistics*, vol.18, no.1.

이러한 물류비 절감 정도의 정량적인 측면을 보완하기 위해 물류성과를 좀 더 다양하게 분류하여 조사하기로 하였다. 본 연구에서는 다양한 물류성과를 위해서 다음과 같은 다섯 가지로 측정변수를 분류하여 측정하기로 한다. 고객서비스 향상, 경영능력증대, 업무효율성 증대, 물류품질개선, 물류비 절감 정도를 물류성과로 하여 12개의 설문으로 측정하였다.

<표 4-8> 물류성과 측정변수

종속변수	측정변수	설문내용	척 도
물류성과	고객 서비스향상	새로운 고객에게 접근 가능 정도 기존 고객과의 관계향상 정도 고객의 개별적 요구에 대한 대응력	리커트형 5점 척도
	경영능력 증대	경쟁 능력 증가 정도 정보교환 용이성 정도 물류자원(물류시설, 장비, 인력 등)의 생산성 증대 정도	
	업무효율성 증대	업무효율성 수준 향상 정도 주문처리의 신속성 정도	
	물류품질개선	제품 배송 시 파손빈도 저감 정도 적절한 장소에 제품의 정확한 배달 정도	
	물류비 절감 정도	e-Logistics 도입으로 총 물류비 절감 정도	
		e-Logistics 도입으로 국제 물류비 절감 정도	

제4절 연구 조사방법

1. 표본의 선정

본 연구의 목적에서 제시한 e-Logistics의 활용과 성과에 관한 실증분석 자료를 수집하기 위한 모집단의 선정은 국내 기업의 제조 및 수출입업체가 대상이 되었다. 조사대상 기업체 수인 모집단은 대한상공회의소에 등재된 국내 제조·수출입기업 18,900개 중 업종, 주요취급 상품, 매출액에 따라 900개의 표본기업을 추출하였다. 기업크기는 업종에 따라 다소 다른 부분이 있지만 일반적으로 대기업과 중소기업의 분류는 중소기업 기본법에 의해 종업원 수 300명 이하를 중·소기업으로, 300명 이상을 대기업으로 분류하는 것이 기본적이다. 하지만 본 연구에서는 랜덤 추출에 따른 광범위한 표본의 특성과 e-Logistics의 초기 도입단계에서 오는 e-Logistics의 적용에 있어 차별성을 확보하기 위해 기업범위의 분류를 크게 3집단으로 나누었다. 상시종업원 1000명을 초과하는 기업을 대기업으로 300명에서 1000명까지의 기업을 중기업으로 300명 이하인 기업을 소기업으로 분류하였다.

2. 설문지 구성과 자료의 수집

1) 설문지 구성

본 연구는 자료의 수집과 측정을 위한 조사방법으로 설문지를 이용한 실증연구 방법을 채택하였다. 본 연구의 설문지 구성은 물류관리에 관한 연구인만큼 물류관리 부분을 축약할 수 있는 문항들로 구성되어 있다.

설문지의 구성은 기업에 관한 일반사항들과 물류관리일반사항, 그리고 가설설정과 변수설정에서 알아보았던 e-Logistics 활용도와 성과에 영향을 미치는 요인들을 알아보기 위한 문항들로 구성되어 있다. 하지만 설문을 응답하게 될 설문 응답자들의 측면에서 볼 때 너무 많은 문항수와 어려운 설문지는 응답을 지연, 보류 혹은 거부하게 되는 직접적인 원인이 되므로 가능한 문항을 줄이기 위한 노력을 하였으나, 이로 인한 질문의 축약성이 자칫 질문자체의 의미를 희석시킬 수 있는 한계점도 갖고 있다고 할 수 있다.

전반적인 설문지의 구성은 문항의 내용이나 특성에 따라 명목척도와 리커트 5점 척도를 혼용하여 구성하였다. 먼저 설문지의 구성은 기업의 일반환경과 물류관리일반 환경 그리고 리커트 5점 척도로 측정한 관련 변수들의 질문문항들로 구성되어 있다. 설문지 구성은 크게 10가지 부분으로 나뉘며, 이에 관한 사항들은 〈표 4-9〉과 같다.

<h3 align="center">〈표 4-9〉 설문지 구성</h3>

측정변수		문항 수
응답 기업의 일반 사항		Ⅰ 1~4
물류일반 사항		Ⅱ 1~6
조직특성	국제화 특성	Ⅲ 1~6
	조직 혁신 성향	Ⅳ 1~6
	정보화 수준	Ⅴ 1~3
물류관리특성	물류조직특성	Ⅵ 1~6
	물류전략특성	Ⅶ 1~7
e-Logistics 활용도		Ⅷ
물류활용 유형		Ⅸ
물류성과		Ⅹ 1~12

2) 자료의 수집

분석에 사용한 자료는 표본선정기업을 대상으로 하여 이메일을 통한 1
차 조사를 실시하였다. 그러나 최근의 스팸 메일의 범람으로 인해 이메일
을 통한 샘플 확보는 사실상 어렵다고 판단하여, 선정된 기업 900업체를
대상으로 전화연결을 시도하여 물류담당자와 연결 이후 e-Logistics를 도입
하고 있는 업체로 한정하여 물류 관련 업무에 관한 설문지를 작성해주겠다
고 응답한 254개의 업체를 대상으로 클릭이 가능한 상태로 설문지를 구성
한 후 발송하였다. 약 10일 후 e-mail을 통해 받은 설문지 231개를 회수할
수 있었다. 그중 설문응답을 불성실하게 한 9개의 설문지를 제외한 222개
의 설문지가 실증분석의 대상이 되었으며, 설문회수에 대한 구체적인 내용
은 〈표 4-10〉과 같다.

〈표 4-10〉 자료의 회수 비율

기 간	모집단	표본 기업 수	설문지회수 기업 수	최종 실증 분석 설문지	설문 회수 비율
2004. 1. 15. –2004. 2. 10.	18,900 업체	900개	231개	222개	24.6%

3. 자료의 분석방법 및 절차

본 연구에서 사용된 변수의 신뢰성과 타당성 검증 및 각 군집의 도출
및 가설의 검증에는 여러 가지 통계적 기법이 적용되었다. 첫째, 본 연구의
측정도구인 설문지의 각 항목의 내적 일관성을 통한 신뢰도를 확인하기 위
해서 크론바흐 알파(cronbach's alpha)계수를 이용한 신뢰도분석을 하였다.
타당성검증을 위한 요인분석(factor analysis)은 확증적 분석과 탐색적 분

석으로 구분할 수 있는데, 본 연구에서는 연구자의 확증적 요인분석을 통해 대신하고, 탐색적 요인분석은 기재하지 않기로 한다.

둘째, 기업의 환경인 기업의 업종, 규모와 물류관리와 e-Logistics에 관한 기초 자료는 빈도분석(frequency)과 카이제곱분석(chi-square)을 실시하였다.

셋째, 기업의 조직특성, 국제화 특성, 물류관리특성에 따른 e-Logistics 활용도와 관련한 가설검증을 위해 독립변수와 종속변수 간의 관련성을 살펴보기 위해 상관분석과 회귀분석을 실시하였다. e-Logistics 활용도와 물류성과와의 관계에 있어서도 상관분석을 통한 분석을 사용하였다.

또한 조직, 국제화, 물류전략 특성은 물류활용유형에 따라 차이가 있을 것으로 보고 더미변수 처리하여 분석하였다. 더불어 관련 설문문항 간의 교차분석을 통하여 좀 더 여러 각도의 분석을 실시하였다. 가설 검증은 통계학의 가설 최소 기각치인 유의수준 $p < 0.05$를 기준으로 하였으며, 통계 패키지로는 SPSSWIN 10.1을 사용하였다. 상기 통계분석방법과 더불어 설정된 연구가설을 검증하기 위한 본 연구의 조사 분석 절차는 〈그림 4-3〉과 같다.

<그림 4-3> 연구 분석 절차

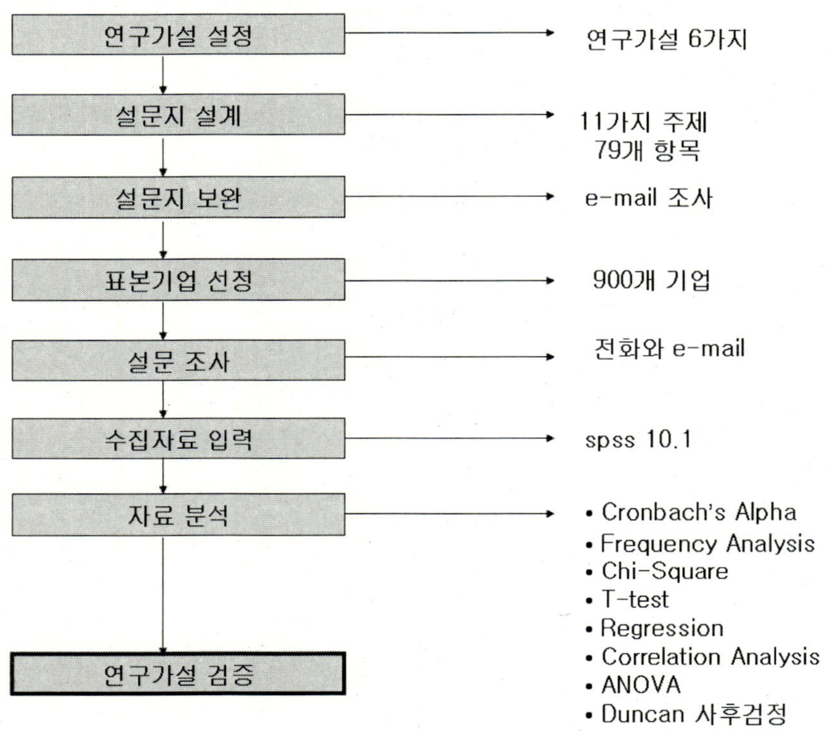

제5절 실증 분석

본 절에서는 제Ⅳ장에서 구성한 연구 설계를 기초로 표본의 구성 및 자료의 신뢰성을 분석하고, 물류관리와 e-Logistics 관련 기초자료 분석과 가설의 검증 및 결과에 대해 분석하였다.

1. 기초자료 분석

1) 표본의 구성

본 연구에 이용된 표본 제조·수출입업체 중심으로 전화와 e-Mail을 통하여 총 배포된 900부의 설문지 중 최종 실증 분석한 설문지 222부로 표본의 일반적 현황을 알아보기 위해 빈도분석을 실시하였다.

<표 4-11> 업종별 분포

업종 구분	빈 도	구성비(%)
음식료품 제조업	18	10.0
의복 및 가죽제품	15	8.3
나무, 종이 제조업	12	6.7
화학/석유/고무/플라스틱	33	18.3
자동차, 자동차 부품산업	36	20.0
전기, 전자산업	21	11.7
컴퓨터, 통신장비산업	6	3.3
제약업	9	5.0
비금속/광물/1차 금속산업	15	8.3
기 타	15	8.3
합 계	222	100

표본구성 중 세부업종은 자동차, 자동차 부품산업과 화학·석유·고무·플라스틱이 각각 20%와 18.3%로 가장 많은 수를 차지하고 있고, 다음으로 전기·전자산업, 음식료품 제조업으로 각각 11.7%와 10%를 구성하고 있다. 의복 및 가죽제품, 비금속/광물/1차 금속 산업이 각각 8.3%로 구성되어 있다. 나무·종이 제조업, 제약업, 컴퓨터, 통신장비산업이 각각 6.7%,

5%, 3.3%를 점하고 있으며, 기타가 5%로 나타났다.

기업규모별 표본구성은 〈표 4-12〉에서 보는 바와 같이 중소기업의 기준인 300명 이내가 93개 업체로 41.9%이고, 그 이상의 대기업이 127개 기업으로 58.1%를 점하고 있다. 본 연구의 기업규모 기준에 의하면 300명 이내가 41.9%, 300명에서 1000명 이내가 32.5%이며, 마지막으로 1000명 이상은 25.7%로 나타난 고른 분포를 보였다. 편의상 소기업, 중소기업, 대기업으로 분류하여 조사하였으며, 표본기업의 매출액에 관한 내용은 〈표 4-13〉과 같다.

〈표 4-12〉 기업규모별 표본구성

종업원 수	업체 수	구성비(%)
300명 이내	93	41.9
300~1000 이내	72	32.5
1000명 이상	57	25.7
합 계	222	100

〈표 4-13〉 연간 매출액

연간 매출액	업체 수	구성비(%)
50억 미만	48	21.6
50억~100억 미만	9	4.1
100억~300억 미만	15	6.8
300억~1000억 미만	15	6.8
1000억 이상	135	60.8
합 계	222	100

2) 물류관리 현황과 e-Logistics 도입 현황 분석

(1) 물류관리 현황

국내 기업들의 물류관리 현황을 조사하여 현재 국내 기업의 물류관리의 수준과 형태에 대해 파악하고자 한다. 이를 위하여 빈도분석을 실시하였다. 먼저 물류업무처리 부서에 관해서는 〈표 4-14〉에서 보는 바와 같이 물류전담 부서라고 답한 기업들이 150개 기업으로 67.6%를 차지하고 있으며, 기타 부서라고 답한 응답이 72개 기업으로 32.4%로 나타났다. 이러한 조사결과는 물류관리의 중요성의 확대에 따라 물류의 집중관리에 의한 비율이 높아지고 있는 것을 알 수 있는 부분이다. 또한 이러한 결과가 도출된 것은 표본의 구성이 300인 이상의 기업을 대상으로 되어 있어 나타나는 현상으로도 해석할 수 있다.

<표 4-14> 물류업무처리 부서

구 분	업체 수	구성비(%)
물류전담 부서	150	67.6
기 타	72	32.4
합 계	222	100

또한 〈표 4-15〉는 기업의 매출액 중 물류비가 차지하는 비중에 관한 조사로 매출액 중 물류비의 비중이 5%~10%의 빈도가 가장 많고, 10% 이내가 78.3%로 조사되었다. 이는 매우 고무적인 사실이라 할 수 있으며, 앞서 이론적 고찰에서 살펴 본 대한상공회의소와 산업자원부 주관으로 이루어진 '2004 기업물류비 실태조사'에 의한 국내 기업의 물류비 비중이 매출액대비 9.9%를 차지하였던 조사와 유사한 결과라고 할 수 있다.

한편 대기업 일수록 매출액 대비 물류비의 비중이 낮은 것으로 조사되어 중소기업에 비해 대기업의 물류비 절감에 대한 노력이 가시화 된 것으로 알 수 있으며, 물류비용의 절감에 대한 노력도 더 많이 하고 있는 것으로 알 수 있다.

<표 4-15> 매출액 중 물류비의 비중

구 분	업체 수	구성비(%)
5% 미만	102	45.9
5~10%	72	32.4
10~20%	24	10.8
20% 이상	24	10.8
합 계	222	100

한편, 물류활용유형에 관한 분포에서는 〈표 4-16〉에서 보는 바와 같이 자사물류가 가장 많은 비중을 차지하고 있으며, 물류자회사 위탁이나 공동물류도 각각 23%, 13.7%로 많은 부분 사용되고 있다는 것을 알 수 있으며, 그 외에 단순외주와 일괄적 아웃소싱도 26%와 5.6%로 사용되고 있는 것으로 나타났다. 따라서 국내 기업의 물류관리 형태가 고르게 분포되어 있다고 볼 수 있으며, 이는 아직까지 물류활용유형이 고정화되지 않고, 변화하고 있는 유동적인 시기라고 볼 수 있다.

또한 업종별로는 〈표 4-17〉에서 볼 수 있듯이 5가지의 물류활용유형이 고르게 분포되어 있는 것으로 나타났다. 하지만 전체적으로 물류아웃소싱의 유형이 확대되어 있다고 보기는 어려우며, 물류관리의 중요성과 물류외부화가 지속적으로 증가하는 추세에 있다고 할 수 있다. 그러나 최근 중요시되고 있는 제3자 물류형태의 일괄적 혹은 전략적 아웃소싱의 형태는 매우 적은 것으로 조사되어 아직까지 국내 기업들이 단순한 물류아웃소싱 단계에 머물고 있다고 볼 수 있으며, 국내 3자 물류는 초기단계에 있다고 할 수 있다.

<표 4-16> 응답 기업의 주요 물류 활용 유형

물류 활용 유형	업체 수	구성비(%)
자사 물류	69	31.5
물류 자회사 위탁	51	23.3
공동 물류	30	13.7
물류의 각 기능별로 외부업체에게 단순 외주	57	26.0
물류기능을 일괄적으로 아웃소싱 하는 경우	15	5.6
합 계	222	100

<표 4-17> 업종별 물류활용유형 현황

업종구분	주된 물류 활용 유형					전 체
	자사 물류	물류 자회사	공동 물류	단순외주	일괄외주	
음식료품 제조업		6 33.3%	3 16.7%	9 50%		18 100%
의복 및 가죽제품	9 60%	3 20%	3 20%			15 100%
나무, 종이 제조업	6 50	3 25%		3 25%		12 100%
화학/석유/고무/플라스틱	12 36.4%	3 9.1%	3 9.1%	9 27.3%	6 18.2%	33 100%
자동차, 자동차 부품산업	12 33.3%	6 16.7%	6 16.7%	12 33.3%		36 100%
전기, 전자산업	6 28.6%	9 42.9%		6 28.6%		21 100%
컴퓨터, 통신장비산업	3 50%		3 50%			6 100%
제약업	6 66.7%				3 33.3%	9 100%
비금속/광물/1차 금속산업	6 40%	6 40%		3 20%		15 100%
기 타	3 20%	6 40%		6 40%		15 100%
전 체	63 35%	42 23.3%	18 10%	48 26.7%	9 5%	180 100%

〈표 4-18〉의 기업규모와 물류아웃소싱 정도 결과는 본 연구를 진행하는 데 있어 매우 중요한 기준이 된다는 측면에서 접근해야한다. 그 이유는 아직까지 e-Logistics의 활용이 화주기업 자체적인 시스템 도입이나 적용이 아닌 물류제공업자와의 관계 정도에 따라 결정되기 때문에 물류활용유형은 e-Logistics 활용도에 가장 큰 영향을 미친다고 볼 수 있기 때문이다. 조사결과 300명 이내의 소기업의 경우가 아웃소싱의 정도가 더 많은 것으로 조사되었다.

〈표 4-18〉 기업규모와 물류아웃소싱 정도

기업규모	물류자회사 위탁	공동물류	단순외주	일괄외주	전 체
소기업 (300명 이내)	27	15	12	6	60
	30%	16.7%	13.3%	6.7%	40%
중기업 (300~1000)	12	9	21	6	48
	16.7%	12.5%	29.2%	8.3%	32%
대기업 (1000명 이상)	12	6	24		42
	21.1%	10.5%	42.1%		28%

조사결과 매출액 중 물류비가 차지하는 비중은 대기업일수록 물류비의 비중이 적다고 인지하는 정도가 높았다. 〈표 4-19〉의 업종별 물류비 비중은 모든 업종이 거의 고르게 5~10% 내외로 조사되었으며, 매출액 중 물류비의 비중이 많이 차지하는 업종으로는 자동차·자동차 부품산업과 음식료품 제조업 분야인 것으로 나타났다. 이러한 결과는 자동차·자동차 부품산업 분야가 타 분야에 비해 운송비가 차지하는 비율이 높으며, 또한 음식료품 제조업 분야는 운송의 빈도가 타 분야에 비해 많아 결과적으로 물류비중이 높아지는 것으로 해석할 수 있다.

<표 4-19> 업종별 물류비 비중

업종구분	업종별 물류비의 비중				전 체
	5% 미만	5~10%	10~20%	20% 이상	
음식료품 제조업	3 16.7%	12 66.7%		3 16.7%	18 100%
의복 및 가죽제품	12 80%	3 20%			15 100%
나무·종이 제조업	6 50%	6 50%			12 100%
화학·석유·고무·플라스틱	21 63.6%		6 18.2%	6 18.2%	33 100%
자동차·자동차 부품산업	18 50%	15 41.7%	3 8.3%		36 100%
전기·전자산업	15 71.4%	6 28.6%			21 100%
컴퓨터·통신장비산업	3 50%	3 50%			6 100%
제약업	6 66.7%	3 33.3%			9 100%
비금속·광물·1차 금속산업	6 40%		6 40%	3 20%	15 100%
기 타	9 60%	3 20%	3 20%		15 100%
전 체	99 55%	51 28.3%	18 10%	12 6.7%	180 100%

(2) e-Logistics의 일반 현황

〈표 4-20〉에서와 같이 e-Logistics의 도입 시기에 관한 설문은 고른 분포를 보였으며, 대부분의 기업들이 도입 시기를 3년 이내로 응답해 e-Logistics의 도입이 초기 단계에 있음을 알 수 있었다.

150

<표 4-20> e-Logistics 도입 시기

구 분	업체 수	구성비(%)
6개월 이내	34	15.4
1년 이내	29	13.1
2년 이내	65	29.5
3년 이내	24	10.9
3년 이상	70	31.1
합 계	222	100

〈표 4-21〉에서 보는 것과 같이 기업의 업종별 e-Logistics 활용도는 화학·석유·고무·플라스틱, 나무·종이 제조업, 컴퓨터·통신장비산업, 제약업, 비금속·광물·1차 금속산업 순으로 활용도를 보이고 있는 것으로 나타났다.

<표 4-21> 업종별 e-Logistics 활용도

업종구분	평 균	표준편차
음식료품 제조업	12.5	3.8341
나무, 종이 제조업	17.0	0
화학·석유·고무·플라스틱	19.2	2.8082
자동차, 자동차 부품산업	12.4	3.0426
전기, 전자산업	11.0	6.4807
컴퓨터, 통신장비산업	14.5	2.7386
제약업	14.5	6.0249
비금속·광물·1차 금속산업	14.0	0

또한 업종별 e-Logistics 분야별 활용도의 차이에 관한 분산분석 결과 업종별로 유의한 결과를 도출할 수 있었는데, 총점을 활용한 활용도에서 높

은 활용도를 나타내고 있는 화학·석유·고무·플라스틱부분이 분야별 활용도도 높은 것으로 나타내고 있는데, 운송관리 시스템, 창고관리 시스템 및 위치추적 및 조회시스템 부분에서 타 분야에 비해 높은 활용도를 보였다. 문서 및 정보관리 시스템 부분에서도 업종 간에 유의한 차이를 보여, 컴퓨터/통신장비, 비금속/광물/1차 금속산업, 화학/석유/고무/플라스틱 순으로 활용도가 나타났다.

특이할만한 것은 음식료품 제조업의 경우 운송, 창고, 위치추적과 같은 화물이동에 관련된 e-Logistics 활용도는 높게 나타나는 반면 문서 및 정보관리시스템과 같은 외적 문서처리의 사용빈도는 낮은 것으로 조사되었다. 이러한 결과는 취급상품의 특성과 물류비가 집중되는 곳에 e-Logistics 활용이 더 적용되는 것으로 해석할 수 있다. 기업규모와 e-Logistics의 분야별 활용도는 각각의 유의한 차이를 보이긴 하였으나, 기업규모에 따른 유의성이라고 보기는 어려우며 상품특성인 업종에 따라 활용부분이 집중되는 것으로 해석해야 할 것이다.

3) 신뢰성 및 타당성 분석

본 조사는 전국의 수출입업체 18,900개의 기업을 모집단으로 선정하여 222개의 표본이 선정되었으며, 95% 신뢰도에 ±6%의 표본오차를 가진다. 신뢰성이란 동일한 개념을 독립된 측정 방법으로 측정한 경우 결과가 비슷하게 나타나야 한다는 것을 전제로 하고 있다. 신뢰도는 측정도구의 정확성이나 정밀성을 나타내는 것으로서 의존가능성, 안정성, 일치성, 예측가능성 그리고 정확성과 동일한 의미를 갖는다.[200]

---

200) 정충영·최이규(1999), 「SPSSWIN을 이용한 통계분석」, 무역경영사, p.198.

<표 4-22> 신뢰도(Cronbach-α)

	조직혁신 성향	정보화 수준	물류조직 구조	물류전략 정도	물류활용 유형	활용성과
Cronbach-α	0.9294	0.8459	0.8633	0.9003	0.7443	0.9222

또한 Cronbach-α 는 0과 1 사이의 수를 갖으며, 1에 가까울수록 신뢰도가 높은 것으로 나타난다. 본 연구에서 사용되는 요인들의 신뢰도 검정결과 전반적으로 0.8 이상의 수치로 높게 나타나고 있어 문항의 신뢰도는 매우 높은 것으로 조사되었다.

2. 가설 검증결과

본 절에서는 실증분석을 통해 가설의 채택 여부를 검증한다. 첫째 내부적 특성요인으로 조직특성(기업규모, 거래빈도, 조직혁신성향, 정보화 수준), 국제화 특성, 물류관리특성으로 나누어 변수들이 e-Logistics 활용도에 어떻게 영향을 주는가에 관해 검증한다. 분석방법으로는 상관분석과 회귀분석 그리고 분산분석을 실시하였으며, 분산분석을 실시한 항목 중 유의한 결과에 대해서는 Duncan 사후 검정법[201]을 사용해 그룹 간의 특성을 검증하였다. 둘째 외부적 특성요인인 물류활용유형이 e-Logistics 활용에 직·간접적 영향을 어떻게 주는지에 관해 검증한다.

마지막으로 e-Logistics 활용도가 5가지 물류성과 중 어떠한 부분에 더 많은 영향을 주는지에 관해서도 분석하였다.

---

201) 분산분석에서 어떤 그룹의 평균이 다른 그룹과 다른가를 검정할 필요가 있게 된다. 이때 사용되는 방법이 다중비교이다. 이를 다중비교 혹은 사후검정 이라한다.

1) 내부적 특성요인과 e-Logistics 활용도

(1) 조직특성과 e-Logistics 활용도

기업규모, 거래빈도, 조직혁신성향, 그리고 정보화 수준 등의 기업의 조직특성이 e-Logistics 활용도에 어떻게 영향을 주는지에 관해 살펴보았다.

① 기업규모와 e-Logistics 활용도

가설1-1 기업규모가 작을수록 e-Logistics 활용도는 높게 나타날 것이다.

기업규모에 따른 e-Logistics 활용도를 알아보기 위해 F--통계량을 이용한 일원분산분석(One-Way ANOVA)을 실시해본 결과는 〈표 4-23〉과 같으며, 기업규모에 따른 e-Logistics의 활용도는 차이가 있는 것($p<0.05$)으로 나타났다.

또한 이러한 유의성이 어떠한 기업일수록 더 사용도가 높은가를 보기 위해 Duncan의 사후검정을 통해 그룹핑을 해 보았다. 그 결과 〈표 4-24〉에서와 같이 중기업과 소기업 간에 활용도의 차이가 있으며 특히 소기업에서 활용도가 높은 것으로 나타났다. 따라서 "기업규모가 작을수록 e-Logistics 활용도는 높게 나타날 것이다"는 가설 1-1은 채택되었다.

대부분의 연구에서 조직의 규모가 클수록 정보 시스템의 구현에 긍정적인 영향을 미치는 것으로 조사되었지만(Grover, 1990: 김병곤·정영수, 2003), 조직규모가 작을수록 더욱 유연하게 신기술을 받아들일 수 있다는 연구도 많이 보이고 있다(Muller and Tiltom, 1979: Romeo, 1975). 이렇듯 기업의 규모가 신기술이나 새로운 시스템의 도입에 다르게 작용하는 것은 신기술 자체의 특성과 관련 조직과의 연계성에 따라 달라질 수 있기 때문이다. 기업의 e-Logistics 활용이 자체적인 도입에 의해 활용되는 것이 아니라, 제공업체와의 관련성과 개입 정도에 따라 달라지기 때문이며, 이는

154

e-Logistics의 활용이 물류전문 업체와의 유기적 시스템 활용에 초점을 두
고 있기 때문이다.

　이러한 연구결과는 본 연구가 다른 연구와는 달리 물류주체들 간의 개
입 정도에 따른 e-Logistics의 활용 정도와 병행한 연구라는 측면으로 볼
때 의미 있는 결과라 할 수 있다. 즉 소기업의 경우 물류를 대부분 아웃소
싱에 의해 활용하므로 물류전문 업체가 제공하는 서비스를 활용하여 물류
의 이동성을 확인하고 관리하는 필요성이 더 높아지기 때문인 것으로 간주
할 수 있다.

<표 4-23> 기업규모와 e-Logistics 활용도

	제곱합	자유도	평균제곱	F	유의확률
집단 - 간	123.231	2	61.615	3.076*	0.049
집단 - 내	4386.351	219	20.029		
합　계	4509.582	221			

* p<0.05

<표 4-24> 기업규모와 e-Logistics 활용도 간의 Duncan 사후검정

	Duncan		
직원규모별 기업규모	N	1	2
중기업	72	13.9231	
대기업	57	14.8	14.8
소기업	93		16.6

② 거래빈도와 e-Logistics 활용도

> *가설1-2 거래빈도가 높을수록 e-Logistics 활용도는 높게 나타날 것이다.*

다중평균비교결과 월별 평균 수출입 건수별로 e-Logistics의 활용도는 차이가 있는 것($p<0.05$)으로 나타났다. 유의성을 바탕으로 수출입건수별로 일치된 그룹핑을 제시하고 있는지에 관해 알아보기 위해 Duncan의 사후검정을 사용하였다. 검정 결과 20-30건의 업체의 활용도가 가장 낮은 것으로 나타났다.

이종학·권영철(2002)의 연구와 같이 가설설계부분에서 언급하였던 수출입기업이 거래빈도가 높을 경우에는 거래에 따른 각종 절차를 단순화하고, 매 거래에서 필요로 하는 서류를 줄이는 등의 활동으로 물류비용을 절감할 수 있다고 하였다. 본 연구에서는 수출입건수와 e-Logistics의 활용도 간의 유의한 의미를 도출해낸 반면 수출입건수와 e-Logistics의 활용도 간의 일치된 방향성이 나타나지 않는 것으로 조사되어 "거래빈도가 높을수록 e-Logistics 활용도는 높게 나타날 것이다"는 가설 1-2는 기각되었다.

이러한 결과는 수출입건수 즉 거래빈도가 기업의 규모를 나타내는 척도로 사용되기에는 역부족인 부분이 많고, 아직까지 e-Logistics의 활용이 기업 자체적으로 물류성과를 위해 도입하는 시스템적 성격보다는 제공된 서비스를 활용하는 초기단계인 관계로 수출입 건수의 증감과 활용도 간에 일치된 방향성이 나타나고 있지 않은 것으로 판단할 수 있다.

<표 4-25> 거래빈도와 e-Logistics 활용도

	제곱합	자유도	평균제곱	F	유의확률
집단 - 간	175.786	4	43.946	2.209*	0.04
집단 - 내	4317.432	217	19.896		
합 계	4493.218	221			

* $p<0.05$

<표 4-26> 거래빈도와 e-Logistics 활용도 간의 Duncan 사후검정

월별 평균 수출입 건수	N	1	2
20~30건 이내	16	10	
10~20건 이내	29	12.75	12.75
5건 이내	29		14.75
30건 이상	126		15.48
5~10건 이내	22		16.67

③ 조직 혁신 성향

> *가설1-3 조직혁신성향이 높을수록 e-Logistics 활용도는 높게 나타날 것이다.*

혁신수용성, 조직 적합성, 기술호환성의 조직혁신성향의 변수와 e-Logistics 활용도와의 관계를 알아보기 위해 상관분석을 실시하였으며 관련 표는 〈표 4-27〉과 같다.

분석결과 조직혁신성향과 e-Logistics 활용도 간에는 유의한 관계가 있지 않은 것으로 나타나, "조직혁신성향이 높을수록 e-Logistics 활용도는 높게 나타날 것이다."라는 가설 Ⅰ-3은 기각되었다. 적합성은 도입 기업의 현 업무와 일치하는 정도를 의미하며, 적합성은 혁신의 도입과 확산을 설명하는데 중요한 변수이다. (Tornatzky & Klein, 1982). 기존의 선행연구와 다른 결과가 도출된 것에 대한 분석은 기업이 혁신성향을 어느 곳에 집중화하였는지에 관해 살펴보아야만 할 것이다.

많은 연구들에서 보여 지는 혁신성향과 신기술도입과의 일치된 연관성이 e-Logistics에 적용시키기에는 여러 가지 환경적 요인들이 작용할 수 있기 때문이다. 즉, e-Logistics의 도입은 단순한 기업의 선택적 요소가 아닌 물류전문 업체와의 관련성 정도에 따라 달라지는 부분이기 때문에 기업의 혁신적 성향이 e-Logistics에 직접적인 영향을 준다고 보기는 어렵다고 짐작할 수 있다. 이는 e-Logistics의 외부성이 기업의 혁신성향을 그대로 반영할 수 없기 때문으로 생각할 수 있다.

<표 4-27> 조직혁신성향과 e-Logistics 활용도

Pearson 상관계수	혁신수용성	조직적합성	기술호환성
e-Logistics 활용도	−0.018	0.015	−0.005

④ 정보화 특성

> *가설1-4 정보화 수준이 높을수록 e-Logistics 활용도는 높게 나타날 것이다.*

정보화 수준과 e-Logistics 활용도와의 관계를 알아보기 위해 상관분석을 실시하였으며, 관련 표는 〈표 4-28〉과 같다. 조사결과 정보화 수준과 e-Logistics 활용도는 유의수준 p〈0.05에서 상관관계가 있는 것으로 나타났으며, 양의 관계 즉 정보화 수준이 높아질수록 e-Logistics의 활용도는 높아지는 것으로 나타났다. 따라서 "정보화 수준이 높을수록 e-Logistics 활용도는 높게 나타날 것이다"라는 가설 1-4는 채택되었다.

정보화 수준이 e-Logistics 활용도에 미치는 영향관계를 알아보기 위해 〈표 4-29〉와 같이 회귀분석을 실시하였다. 회귀분석 결과 모형이 타당한 것으로 나타났으며, 즉 정보화가 e-Logistics 활용도에 영향을 끼치고 있는 것으로 조사되었다. 이를 모형화하면 다음과 같다.

$$\widehat{cs} = 10.7881 + 0.3893 \times 정보화$$

즉 정보화가 높아질수록 e-Logistics의 활용도에 0.3893씩 영향을 끼치고 있는 것으로 나타나 기업의 정보화 수준과 e-Logistics 활용과는 밀접한 관계가 있는 것으로 알 수 있으며, 물류전문 업체와의 e-Logistics의 연계성을 확보하기 위해서는 활용기업의 정보화가 선행되어 있어야 함을 알 수 있다.

<표 4-28> 정보화 특성과 e-Logistics 활용도

Pearson 상관계수	정보화 특성	유의확률
e-logistics 활용도	.212*	0.035

* p<0.05

따라서 본 연구에서도 조직의 정보화 수준이 조직내부의 정보시스템의 성숙도에 따라 정보기술의 도입에 영향을 미친다(Grover & Goslar, 1993)의 연구와 동일한 연구 결과를 도출하였다. 또한 2장에서 살펴본 e-Logistics의 특징 중 e-Logistics는 전자적 연결성이 있다는 특징을 강조하는 결과라고 할 수 있다.

<표 4-29> 정보화 특성과 e-Logistics 간의 관계분석

종속변수	독립변수	R^2	F	Beta	T
e-Logistics	상 수	0.3	4.5812*	10.7881	5.3436***
	정보화 특성			0.3893	2.1404*

* p<0.05, **p<0.01, ***p<0.001

(2) 국제화 특성과 e-Logistics 활용도

① 기업의 해외진출 형태

> *가설2-1 기업의 해외진출 형태에 따라 e-Logistics 활용도는 다르게 나타날 것이다.*

〈표 4-30〉과 같이 해외진출형태와 e-Logistics 활용도는 분산분석결과 차이가 없는 것으로 나타나, "기업의 해외진출 형태에 따라 e-Logistics 활용도는 다르게 나타날 것이다"라는 가설 2-1은 기각되었다. 이러한 결과는 기업의 e-Logistics 활용에 영향을 미치는 요인이 기업의 국제화 형태라기보다는 기업의 관계적 특성 측면에서 접근하는 것이 더 적절한 의미를 도출할 수 있기 때문인데, 가설 2-2에서 비교하여 더 자세히 살펴볼 수 있다.

국제 물류의 경우 다른 단계보다 인터넷을 비롯한 정보수단을 이용하는 비중이 그리 크지는 않을 것으로 본다. 그 이유는 국제 물류가 수출상에서 시작해서 수입상까지의 실질적인 정보의 연계성의 확보가 힘들고, 실제적인 화물흐름(Physical cargo flow)의 효율성 위주이기 때문이다. 그러나 더 큰 효율성을 높이기 위해 수출입통관정보, 화물추적정보, 선박 입출항정보, 항만/하역정보 등에 인터넷이용이 가능하며 사용 중에 있다. 그러나 설문응답자들 중 그동안 수출입에 사용되었던 물류의 전자화 부분을 e-Logistics의 일부로 생각하지 않았을 가능성이 크며, 앞으로 국제 물류에 있어서의 제3자 물류서비스의 활성화가 가속되면 e-Logistics의 활성화 부분도 동시에 발전이 가능해 질 것이다.

<표 4-30> 해외진출형태와 e-Logistics 활용도

	제곱합	자유도	평균제곱	F	유의확률
집단-간	92.19	4	23.048	1.109	0.357
집단-내	4510.345	217	20.785		
합 계	4602.535	221			

② 매출액 중 해외시장의 매출비율

> *가설2-2 기업의 전체매출 중 해외시장에서의 매출비율이 낮을수록 e-Logistics의 활용도는 높게 나타날 것이다.*

국제화 특성에 따른 e-Logistics 활용도의 차이에 관해 알아보기 위해 〈표 4-31〉과 같이 F-통계량을 이용한 일원분산분석(One-Way ANOVA)을 실시하였다. 국제화된 기업은 생산 활동에 필요한 생산요소의 조달과 제품이나 서비스를 판매하는 데 있어서 해외시장에 의존하는 정도가 높은 기업이기 때문에, 통상적으로 기업의 국제화는 해외시장에서의 매출이 전체매출에서 차지하는 비율로 측정된다.

매출액 중 해외매출비율에 따른 e-Logistics 활용도의 차이를 살펴보았다. 해외진출형태에 따른 활용도차이는 유의한 결과를 보이지 않았으나, 매출액 중 해외매출 비율과 e-Logistics 활용도에 대한 분산분석결과 유의한 결과가 도출되었다.

<표 4-31> 매출액 중 해외매출비율과 e-Logistics 활용도에 대한 분산분석

	제곱합	자유도	평균제곱	F	유의확률
집단-간	362.857	4	90.714	5.066**	0.001
집단-내	3885.602	217	17.906		
합 계	4248.459	221			

* p<0.05, **p<0.01, ***p<0.001

Duncan 사후검정결과 전체매출 중 해외시장의 매출 비율이 50% 이상을 차지하는 기업의 e-Logistics 활용도가 가장 적게 나타나는 것으로 조사되었으며, 오히려 20% 미만의 기업들이 e-Logistics를 더 많이 활용하고 있는 것으로 나타났다. 이러한 결과는 해외시장에서의 매출이 적은 기업일수록 기업의 규모가 작은 기업일 가능성이 크며, 이러한 작은 규모의 기업일수록 물류의 많은 부분을 아웃소싱하기 때문에 물류업체와의 유기적인 네트워킹을 위해서 e-Logistics를 많이 활용하고 있는 것으로 짐작할 수 있다.

<표 4-32> 전체 매출 중 해외시장 매출 비중과 e-Logistics 활용도 간의 Duncan 사후검정

전체 매출 중 해외시장의 매출 비중	Duncan		
	N	1	2
50% 이상	35	8.5	
30%~50%	62		13.5714
20%~30%	84		15.8333
20% 미만	41		16

따라서 "기업의 전체매출 중 해외시장에서의 매출비율이 낮을수록 e-Logistics의 활용도는 높게 나타날 것이다"라는 가설 2-2는 채택되었다. 따라서 e-Logistics의 활용에 영향을 미치는 요인은 해외 진출 형태보다는 아웃소싱 정도에 의해 결정된다고 볼 수 있다.

(3) 물류관리특성과 e-Logistics 활용도

① 물류조직특성

가설3-1 물류조직 특성이 높을수록 e-Logistics 활용도는 높게 나타날 것이다.

물류조직특성과 e-Logistics 활용도 사이에 어떠한 관계가 존재하는지를 알아보기 위해 Pearson의 상관관계분석을 실시해본 결과는 〈표 4-33〉과 같다. 물류조직특성 중 체계화 정도, 의사결정권한 분권 정도, 최고경영자 인지도는 e-Logistics의 활용도와 양의 상관관계가 있는 것으로 나타났다. 따라서 "물류조직 특성은 e-Logistics 활용도에 유의한 영향을 미칠 것이다"라는 가설 3-1은 채택되었다. 물류조직의 체계화 정도는 물류조직의 공식화를 의사결정권한은 물류조직의 공식화 정도를 나타내고 있다. 결과적으로 물류조직의 공식화, 분권화, 최고경영자의 인지도가 e-Logistics 활용도와 관계가 있는 것으로 나타났다.

기업이 어떠한 형태의 물류조직을 가지고 있으며, 물류활동의 책임을 누가 가지고 있는가에 대한 문제가 명확히 제기되어야 하는 것이며, 따라서 물류활동의 관리책임을 전담하는 물류조직의 존재 및 조직 내에서의 위치에 대한 문제는 중요한 물류 관련 기업구조의 구성요인이라고 할 수 있다.

<표 4-33> 물류조직 특성과 e-Logistics 활용도의 상관계수

e-Logistics 활용도	물류조직의 공식화	물류조직의 분권화	최고경영자 인지도
상관계수	.386**	.399**	.333**

* p<0.05, **p<0.01, ***p<0.001

② 물류전략특성

---

*가설3-2 물류전략계획의 보유 정도가 높을수록 e-Logistics 활용도는
높게 나타날 것이다.*

물류전략과 e-Logistics 활용도와의 상관관계를 살펴보기 위해 Pearson의
상관분석을 실시해본 결과는 〈표 4-34〉와 같으며, 물류전략계획의 보유 정
도와 e-Logistics 활용도와 관계가 있는 것으로 나타났다. 결정계수가 약간
낮게 나타났으나, 분산분석결과 통계적으로 유의하며 즉 모형이 타당한 것
으로 나타났다.

<표 4-34> 물류전략특성과 e-Logistics 활용도

		물류전략계획의 보유 정도
e-Logistics 활용도	상관계수	.351**

* p<0.05, **p<0.01, ***p<0.001

모형의 타당성을 바탕으로 종속변수와 독립변수의 관계성을 알아보기
위해 회귀분석을 한 결과는 〈표 4-35〉와 같다. 회귀계수 추정에 관한 결과
유의하게 나타나 다음과 같은 회귀모형을 나타낼 수 있다.

$$\textit{e-Logistics} = 12.051 + 0.958 \times 물류전략계획의보유정도$$

즉 물류전략의 계획 보유 정도가 높아질수록 e-Logistics 활용도에 0.958
씩 영향이 있는 것으로 나타나, (김진호·김미영, 1997)의 연구에서와 같이
물류전략계획의 수립 정도가 높은 기업이 더 많은 첨단장비를 받아드린다
는 것과 같이 e-Logistics의 활용도에도 영향을 주고 있음을 나타내는 연구
결과라 할 수 있다. 따라서 "물류전략의 보유 정도가 높을수록 e-Logistics

활용도는 높게 나타날 것이다"라는 가설 3-2는 채택되었다.

<표 4-35> 물류전략계획의 보유 정도와 e-Logistics 활용도와의 관계분석

종속변수	독립변수	R^2	F	Beta	T
e-Logistics	상 수	0.472	7.336***	12.051	5.484***
	물류전략계획의 보유 정도			0.958	4.001***

* p<0.05, **p<0.01, ***p<0.001

2) 외부적 특성요인과 e-Logistics 활용도

(1) 물류활용유형과 e-Logistics 활용도

> 가설4-1 물류활용유형에 따라 e-Logistics 활용도에 유의한 영향을 미
> 칠 것이다.

물류활용유형에 따라 e-Logistics 활용도가 어떻게 다른지 알아보기 위해 F-통계량을 이용한 일원분산분석(One-Way ANOVA)을 실시해 본 결과는 〈표 4-36〉과 같다. 물류활용유형은 e-Logistics 활용도에 0.001의 유의수준에서 영향을 미치고 있는 것으로 조사되어 물류활용유형에 따라 e-Logistics 활용도에 유의한 영향을 끼치고 있다. 따라서 "물류활용유형에 따라 e-Logistics 활용도에 유의한 영향을 미칠 것이다"라는 가설 4-1은 채택되었다.

<표 4-36> 물류활용유형과 e-Logistics 활용도

	제곱합	자유도	평균제곱	F	유의확률
집단-간	583.9583	4	145.9896	9.3862***	0.0000
집단-내	3375.137	217	15.5536		
합 계	3959.095	221			

＊ ＊ ＊p<0.001

유의성을 바탕으로 한 Duncan 사후검정 결과에서도 물류활용 유형별로 유의한 결과를 얻었는데 자사물류인 경우가 가장 낮게 나타났으며, 물류의 각 기능별로 외부업체에게 단순 외주, 공동물류, 물류 자회사 위탁의 순으로 나타났으며 물류기능을 일괄적으로 아웃소싱 하는 경우가 가장 높게 나타났다. 이러한 결과는 자사물류의 경우 모든 물류관리를 자사에서 처리하기 때문에 물류정보부분도 다른 방식으로 처리가 가능한 반면, 그 외의 유형들은 물류관리 시 타 물류주체와의 정보의 연결성을 필요로 하기 때문에 물류제공업체와의 유기적인e-Logistics의 활용이 필요한 것으로 해석할 수 있다.

또한 가장 높은 활용도를 보인 일괄적 아웃소싱의 경우 물류관리를 일괄적으로 외부에 아웃소싱 한 경우, 물류정보의 확인과 관리를 위하여 e-Logistics를 많이 사용하는 것으로 보이며, e-Logistics의 제공 주체가 물류전문 업체인 것으로 볼 때 화주기업이 이러한 서비스를 이용하려는 경향으로 이해할 수 있을 것이다. 결과적으로 그동안의 물류관리 서비스 혹은 시스템의 활용이나 연구가 물류주체를 단순한 화주기업 혹은 물류전문 업체로 분리하여 연구한 것이 기업들이 실질적으로 활용하고 있는 물류형태와는 달리 연구되어져 왔음을 증명하고 있는 것으로 분석할 수 있다.

즉 그동안의 물류관리 연구가 물류주체인 물류전문 업체와 화주기업의 물류관리 참여 정도에 따른 활용이나 성과로 이어지지 않고 단순 주체별 연구가 이루어져 실질적인 연구가 되지 못했다는 것이다. 본 연구를 시발점으로 하여 물류주체의 관련정도에 따른 연구가 추후에 더 깊이 이어져야 할 것으로 본다.

<표 4-37> 물류활용유형에 따른 e-Logistics 활용도의 Duncan 사후검정

물류 활용 유형	N	Duncan 1	2	3	4
자사 물류	69	11.8750			
기능별 단순 아웃소싱	57	13.7778	13.7778		
공동 물류	30		15.8333	15.8333	
물류 자회사 위탁	51			17.6667	17.6667
일괄적 아웃소싱	15				18.7500

(2) 물류활용유형의 조절효과

가설4-2 조직, 국제화, 물류관리특성은 물류활용유형에 따라 *e-Logistics* 활용도에 유의한 영향을 미칠 것이다.

물류활용유형에 따른 조직특성, 국제화 특성, 물류관리특성과 e-Logistics 활용도를 분석하기 위해 물류활용유형을 독립변수로 하고 e-Logistics 활용도를 종속변수로 하여 다중회귀분석(multiple Regression)을 실시하였다. 다중회귀분석 기법 중 종속변수에 더욱 많은 영향을 주는 독립변수가 회귀식에 우선적으로 선택되는 Stepwise method를 이용하였고, 유의수준은 5%로 하여 분석한 결과는 〈표 4-38〉와 같다.

조사결과 모형에 따라 상수 값이 달라짐을 알 수 있는데, 이는 일괄적 아웃소싱인 경우가 상수 값이 가장 높은 것을 보아 상대적으로 더 많은 영향을 끼치고 있음을 알 수 있다. 그 다음으로 물류 자회사 위탁, 공동물류, 자사물류 순으로 나타나며 그 외는 영향이 없는 것으로 나타났다. 따라서 조직, 국제화, 물류관리특성은 물류활용유형에 따라 e-Logistics 활용도에 유의한 영향을 미칠 것이다라는 가설 4-2는 채택되었다. 특히, 표준화된 회귀계수(Beta)를 비교해 볼 때, 일괄적 아웃소싱의 경우가 가장 높게 나타나 e-Logistics 활용에 가장 큰 영향을 미치는 것으로 조사되었다. 또한 더미변수 중 물류관리특성과 물류활용유형이 회귀 추정 값을 가장 높게 만드는 요인이었다는 것을 밝혀냈다.

본 연구의 초기 단계에 있어 e-Logistics의 정의를 광의의 정의에 두고 설계를 한바, e-Logistics 활용을 화주기업의 위주의 도입·활용 측면에서 접근하였으나, 결과적으로 e-Logistics의 활용에 가장 큰 영향을 주는 요인은 화주기업과 물류제공기업 간의 관련 정도에 따른 물류활용유형이었다는 것을 증명하였다. 또한 아직은 e-Logistics가 도입단계에 있기 때문에 협의의 정의 측면에서 접근하는 것이 적당할 것이라는 결과를 도출할 수 있었다.

모형 1: (자사물류)
   $e\text{-}Logistics = 9.1295 + 3.3305 \times 물류관리특성$
모형 2: (물류 자회사 위탁)
   $e\text{-}Logistics = 15.41985 + 3.3305 \times 물류관리특성$
모형 3: (공동물류)
   $e\text{-}Logistics = 12.9995 + 3.3305 \times 물류관리특성$
모형 4: (일괄적 아웃소싱)
   $e\text{-}Logistics = 16.1067 + 3.3305 \times 물류관리특성$

<표 4-38> 물류활용유형의 조절효과

종속변수	독립변수	R^2	F	Beta	T
e-Logistics	상 수	0.7538	9.4237***	9.1295	3.6078***
	물류전략특성			3.3305	2.7530**
	단순아웃소싱(더미1)			−1.5284	−1.4227
	물류자회사(더미2)			6.2903	4.8392***
	공동물류(더미3)			3.8700	3.2691**
	일괄 아웃소싱(더미4)			6.9772	5.3193***

* p<0.05, **p<0.01, ***p<0.001

3) e-Logistics 활용도와 물류성과

> *가설5 e-Logistics 활용도가 높을수록 물류성과는 높게 나타날 것이다.*

　　e-Logistics 활용도와 물류성과에 관한 영향관계를 알아보기 위해 상관분석을 실시하였다. 물류성과는 고객서비스 향상, 경영능력 증대, 업무효율성, 물류품질 개선 및 물류비 절감 등 5개 분야로 나누어 e-Logistics의 활용이 물류성과의 어느 부분에 영향을 더 미치는지에 관해 조사하였다. e-Logistics 활용도와 5개 분야의 물류성과 간의 상관분석 결과 업무효율성 증대에만 영향을 미치는 것으로 조사되었다. 따라서 "e-Logistics 활용도가 높을수록 물류성과는 높게 나타날 것이다"라는 가설 5는 부분채택 되었다.

　　e-Logistics의 활용은 결국에는 물류비의 절감이 목적이지만, e-Logistics가 도입의 초기 단계이며, 기업의 단순한 시스템 도입이 아닌 관련 조직 간에 연결성을 대표하는 수단으로 사용된다고 볼 때, 초기단계에서는 물류비 절감이나 물류품질 개선보다는 효율성 향상이 적절한 성과로 볼 수 있다. 선행연구에서도 살펴보았듯이 물류 관련 정보기술의 도입이 기업의 물류비 절감보

다는 효율성 측면의 성과를 보이고 있는 연구들과 유사한 결과를 얻었다고 할 수 있다. 또한 성과에 관한 가설이 채택되기에는 e-Logistics 도입시기가 너무 짧다는 것도 본 가설의 부분채택을 뒷받침 하는 것이며, 본 연구가 초기 단계의 실험적 특성을 포함하고 있다는 것을 알 수 있다.

물류성과에 관한 측정은 크게 정성적 연구와 정략적 연구로 나뉘는데, 본 연구에서는 정성적 측정 항목으로 고객서비스, 경영능력, 업무효율성 및 물류품질 개선 등으로 나누었으며, 정략적 항목으로는 물류비의 절감 정도를 측정하였다. 그러나 재무적 성과와 비재무적 성과를 정량적으로 측정하는 것은 기업의 여건과 설문에 의한 가설검증이라는 특성상 5점 척도로 대신하였다.

물류성과를 측정하는 방법은 여러 연구들이 있어왔지만, 물류관리의 수단에 따라 성과의 목적을 달리해야 하며, 정량적 조사를 대신할 수 있는 물류성과 항목의 범위 확대와 심층적인 연구가 필요한 시점이다.

<표 4-39> e-Logistics 활용도와 물류성과

상관계수	고객서비스 향상 정도	경영능력 증대 정도	업무효율성 증대 정도	물류품질 개선 정도	물류비 절감 정도
e-Logistics 활용도	-0.07131	-0.27061	0.0767*	-0.0614	0.100951

* $p < 0.05$

<표 4-40> 가설채택 여부

가 설	가설 내용	채택여부
가설 Ⅰ	조직특성은 e-Logistics 활용도에 유의한 영향을 미칠 것이다.	부분채택
가설 Ⅰ-1	기업규모가 작을수록 e-Logistics 활용도는 높게 나타날 것이다.	채 택
가설 Ⅰ-2	거래빈도가 높을수록 e-Logistics 활용도는 높게 나타날 것이다.	기 각
가설 Ⅰ-3	조직혁신성향이 높을수록 e-Logistics 활용도 높게 나타날 것이다.	기 각
가설 Ⅰ-4	정보화 수준이 높을수록 e-Logistics 활용도는 높게 나타날 것이다.	채 택
가설 Ⅱ	기업의 국제화 특성은 e-Logistics 활용도에 유의한 영향을 미칠 것이다.	부분채택
가설 Ⅱ-1	기업의 해외진출 형태에 따라 e-Logistics 활용도는 다르게 나타날 것이다.	기 각
가설 Ⅱ-2	기업의 전체매출 중 해외시장에서의 매출비율이 낮을수록 e-Logistics의 활용도는 높게 나타날 것이다.	채 택
가설 Ⅲ	물류관리특성은 e-Logistics 활용도에 유의한 영향을 미칠 것이다.	채 택
가설 Ⅲ-1	물류조직특성이 높을수록 e-Logistics 활용도는 높게 나타날 것이다.	채 택
가설 Ⅲ-2	물류전략의 보유 정도가 높을수록 e-Logistics 활용도는 높게 나타날 것이다.	채 택
가설 Ⅳ-1	물류활용유형에 따라 e-Logistics 활용도에 유의한 영향을 미칠 것이다.	채 택
가설 Ⅳ-2	조직, 국제화, 물류관리특성은 물류활용유형에 따라 e-Logistics 활용도에 다르게 영향을 미칠 것이다.	부분채택
가설 Ⅴ	e-Logistics 활용도가 높을수록 물류성과는 높게 나타날 것이다.	부분채택

제Ⅴ장 e-Logistics 활용전략

본 장에서는 Ⅳ장의 실증분석을 통해 도출된 결과를 바탕으로 하여 e-Logistics 활성화에 기여할 수 있는 전략을 살펴보고자 한다. 크게 실증 분석에 관한 논의 부분과 일반적 고찰로 나누어지며, 일반적 고찰 부분은 e-Logistics를 구성하고 있는 물류주체 즉, 화주기업, 물류전문 업체, 정부 와 기관, 기타물류주체 등으로 구분하여 각 주체별 전략을 통해 정책적 활 용방안을 제시하고자 한다.

제1절 분석결과의 정책적 시사점

본 절에서는 앞서 진행된 본 연구의 실증분석을 바탕으로 하여 내부특 성인 조직특성, 국제화 특성, 물류관리 전략과 외부특성인 물류활용유형으 로 분리하여 도출된 결과를 바탕으로 시사점과 e-Logistics 발전전략에 대 해 제시하고자 한다.

1. 조직특성

내부적 특성요인은 기업 자체적으로 구성 가능한 인적·물적 자원의 기 반으로 간주할 수 있으며, 기업이 특정 시스템을 도입하기 이전의 여건이 나 환경으로 파악할 수 있다. 기업이 어떠한 인프라를 가지고 있느냐에 따 라 시스템이나 전략의 도입에 있어 차이를 보인다는 것은 당연한 귀결이 다. 따라서 새로운 시스템이나 전략 도입에 있어 기업은 스스로 어떠한 인적·물적 자원을 가지고 있는지에 관한 현황분석이 수시로 이루어 져야 하며, 핵심 사업 분야에 대한 집중과 선택이 이루어져야만 할 것이다. 특정 시스템이나 전략도입 때마다 기업의 현황을 분석하고 적용하는 것은 선도 자이점(First Mover Advantage)의 혜택을 제대로 얻을 수 없기 때문이다.

본 연구에서 실증분석 조사결과 조직특성 중의 하나인 기업의 규모는 그 크기가 작을수록 e-Logistics 활용도가 높은 것으로 조사되었다. 조직의 규모는 조직의 혁신에 영향을 미치는 중요한 요소이다. 여러 연구들에서 조직의 규모가 혁신 시스템의 도입에 결정적인 요인이라고 하였지만, 본 연구에서는 규모가 큰 기업의 경우 자사 내에서 물류관리와 e-Logistics와 같은 물류전자화를 직접 수행할 수 있기 때문에 아웃소싱 업체들이 누리는 규모의 경제를 자체적으로 이룰 수 있으므로 아웃소싱을 거부할 가능성이 크다[202]고 하는 Nam(1994)의 연구와 일치된 결과를 보였다. 이는 앞서도 언급하였듯이 도입 시스템의 특성에 따라 달라질 수 있는 것으로써 도입 시스템의 특성이 기업 자체적인 활용 시스템인지 혹은 다른 기관과의 관련성의 정도에 의해 결정되는지에 따라 달라질 수 있다는 것이다.

e-Logistics 시스템의 경우 충분한 수준의 환경과 정보기술을 가지고 있는 기업들은 자체적으로 사용자 요구를 해결하기 때문에 아웃소싱을 하지 않고도 가능하지만, 본 연구에서 언급한 소기업의 경우는 자체적으로 물류기능을 해결할 수 없음으로 외부적 물류업체를 활용하기 때문에 e-Logistics를 더 활용할 수밖에 없는 것으로 판단할 수 있다. 따라서 e-Logistics 전략은 기업전반에 걸친 획일화된 활성화 전략보다는 기업의 크기에 따른 전략 방안이 세워져야 하며, 물류전문 업체와의 유기적인 네트워크구성을 위한 전략으로 사용되어져야 할 것이다.

이는 아직까지 e-Logistics의 현황이 협의적 의미에서 즉, 화주기업과 물류전문 업체와의 연결성 확보의 측면에서 바라보는 단계임을 알 수 있다.

---

202) 옥선종·지정근(2001), "물류정보시스템 아웃소싱 결정요인에 관한 연구", 「한국물류학회지」, 제11권 제1호, 한국물류학회.

따라서 산업전반에 걸친 e-Logistics화의 전략보다는 단계별로 구분하여 e-Logistics 전략을 세분화·구체화하여 추진해 나가야 하는 필요성이 대두되는 대목이다.

또한 기업의 입장에서는 최근 물류관리와 관련된 환경변화에 빠르게 반응하고 현황분석을 통한 적응작업을 해야만 한다. 전자상거래 확대, 소비자의 요구 증대와 다양화는 수요측면의 변화와 SCM 확대 및 e-Logistics 확대 등을 초래하고 있으며, 공급측면의 변화에 따라 기존 물류체계는 업태별로 시설, 제도, 조직이 빠르게 변화하고 있는 추세이다. 따라서 이러한 변화를 예측하고 변화에 능동적으로 적응하기 위해 업태별 문제점 및 개선방안을 도출하여 물류산업 경쟁력을 제고해 나아가야 할 것이다.

한편 조직특성인 화주기업의 수출입거래빈도와 조직 혁신 성향이 e-Logistics 활용도와 상관관계를 보이지 않는 것도 e-Logistics 단계가 초기 단계인 것을 증명하는 것으로 판단할 수 있으며, 특히 조직혁신성향과 e-Logistics와의 부(−)의 상관관계를 보이고 있는 것은 기업이 e-Logistics의 도입을 혁신시스템으로 간주하고 있지 않는 단적인 증거로 볼 수 있다. 관련 기관과의 관련성 정도에 따른 정책과 연구가 이루어져야 함을 알 수 있는 부분이다.

마지막으로 기업의 정보화 특성과 e-Logistics의 정(+)의 상관관계는 화주기업이 물류기업이 제공하는 전자적 서비스를 활용하기 위해서는 인프라라고 할 수 있는 기업의 정보화가 선행되어야 함을 알 수 있는 결과라 할 수 있다. 따라서 e-Logistics 활성화를 위해서는 e-Logistics 자체적인 전략과 시스템 개발에 앞서 화주기업 자체의 전자화에 대한 노력이 진행되어야 할 것이다. 자체적인 시스템 개발과 도입으로 아웃소싱 없이 물류전반을 관리하는 대기업의 경우는 제외하더라도 대부분의 기업의 경우 운송으로 대표되는 물류의 특성상 다른 기관과의 유기적인 관련 없이는 e-Logistics의 연결성이 불가능함으로 기업 자체의 전자화는 기업 스스로나 정책적으로나 선행되어야 할 부분이다.

2. 국제화 수준

본 연구의 실증분석에서 국제화 특성과 e-Logistics의 관계는 해외진출형태와 해외진출 비율로 나누어 분석하였다. 그 결과 e-Logistics 활용에 영향을 주는 요인은 형태보다는 매출액 중 해외시장의 매출 비율이 더 영향을 미치는 것으로 나타났다. e-Logistics 활용에 국제화 특성을 본다는 것은 국제 물류에 있어 e-Logistics 활용도를 살펴본 것인데, 국제 물류의 경우 다른 단계보다 인터넷을 비롯한 정보수단을 이용하는 비중이 그리 크지는 않을 것으로 본다. 그 이유는 국제 물류가 수출상에서 시작해서 수입상까지의 실질적인 정보의 연계성의 확보가 힘들고, 실제적인 화물흐름의 효율성 위주이기 때문이다. 그러나 보다 높은 효율성을 기하기 위해 수출입 통관정보, 화물추적정보, 선박 입출항정보, 항만·하역정보 등에 인터넷이 용이 가능하며 사용 중에 있다. 앞으로 국제 물류에 있어서의 제3자 물류 서비스의 활성화가 가속되면 e-Logistics의 활성화 부분도 동시에 발전이 가능해 질 것이다. 따라서 국제 물류의 경우 운송수단이 선박이나 항공 등과 같은 대규모의 운송수단을 이용해야 하기 때문에 운송수단을 보유하고 있는 기업의 의존도가 높다. 따라서 국제 물류의 제3자 물류화를 가로막는 이유가 될 수도 있다는 것이다. 국제 물류에 있어 e-Logistics 활성화를 기하기 위해서는 화주기업과 운송수단을 보유한 기업과의 단순한 운송계약 체결 수준에서 벗어나 국제 물류도 제3자 물류를 통해 국제 물류 전 단계에 대한 가시성과 전자적 연결성을 확보해야만 할 것이며, 그로인한 국제 물류의 효율성을 기할 수 있을 것이다.

3. 물류관리 특성

물류관리 특성 부분은 크게 물류조직과 물류전략으로 나뉘어 조사되었으며, 다시 물류조직은 공식화와 분권화 그리고 최고경영자의 인지도 등으로 분리할 수 있다. 또한 물류전략은 물류전략계획의 보유 정도로 측정하여 e-Logistics와의 관계를 분석하였다.

기업의 물류관리 특성은 물류조직과 물류전략으로 구분할 수 있으며, 보유 정도에 따라 e-Logistics 활용에 영향을 주는 주요한 요인으로 자리 잡고 있다. 이는 화주기업이 물류조직과 전략을 더 많이 보유할수록 e-Logistics를 활용하여 물류관리를 좀 더 효율적으로 관리하고자 하는 특성이 높아지는 것으로 해석할 수 있다. 물류관리 중 물류조직이 어떠한 조직형태를 갖고, 누가 물류활동의 관리책임을 질 것인가 하는 문제가 명확히 제기되어야 하는 것이며, 따라서 물류활동의 관리책임을 전담하는 물류조직의 존재 및 조직 내에서의 위치에 대한 문제는 중요한 물류 관련 기업구조의 구성요인이라고 할 수 있다.

물류관리 특성은 기업 자체적으로 물류 관련 조직과 전략을 구체적으로 체계화시키고 업데이트시켜야 됨을 강조하는 부분이다. 물류조직에 대한 공식화와 물류 관련 의사결정에 관한 분권화와 더불어 최고경영자의 의지가 가미되어야만이 물류조직을 좀 더 확고히 할 수 있을 것이다.

e-Logistics의 활용에 있어 미국이나 일본 등 많은 선진기업들은 이미 활발히 이용하고 있으나, 국내 기업은 도입단계에 있기 때문에 성공여부에 대해서 확신을 가지고 있지 못한 상황이다. 따라서 e-Logistics는 장기적인 전략관점에서 이루어져야만 하며, 이를 정착시키기 위한 지속적인 최고 경영자의 인식과 지원이 필수적이다. e-Logistics는 개별 기업단위에서 이루어지는 것이 아니라 조직과 조직의 장벽을 완화하고 통합해야 하기 때문에, 기업이 e-Logistics를 도입하는 데 있어 최고 경영자의 인식과 지원은 필수적이다.

기업이 마케팅목표를 보다 효과적으로 달성하려면 어떤 물류수단을 선택하고 그것을 어떻게 결합시켜 나가는 것이 최적인가를 생각하여야 한다. 이 경우 가장 중요한 요건은 되도록 적은 비용으로 안전하게 그리고 정확하며 신속하게 적시에 제품을 고객에게 전달하도록 하는 것이다. 이러한 활동을 보다 효과적으로 추진하자면 물류의 제 기능, 즉 수송, 포장, 보관과 재고관리, 하역 그리고 정보 따위의 물류의 다양한 모든 활동이 종합적으로 파악되어 통합적으로 관리되어야 한다. 이들 물류의 다양한 측면들은 상호의존관계를 형성하고 있기 때문에 한 측면에 대한 결정은 다른 결정에 커다란 영향을 미치게 된다.

또한 물류전략은 물류관리 부분에 대한 체계적인 계획 수립과 더불어 구체성과 실천 정도에 관한 피드백이 있어야 할 것이며, 성취 정도와 차기 활용도에 반영 정도를 분석하여 적용할 필요가 있을 것이다.

4. 외부적 특성

외부적 특성요인으로 화주기업의 물류활용유형에 따른 e-Logistics 활용도는 화주기업의 물류아웃소싱의 정도가 높을수록 즉, 물류관리업무의 물류전문 업체와의 관련성과 의존성이 높을수록 e-Logistics 활용도가 높은 것으로 나타났다. 이러한 결과는 아직까지 e-Logistics가 물류전문 업체와 화주기업 간의 연결성 확보를 위한 수단으로 사용되고 있으며, e-Logistics의 주체가 물류전문 업체임을 알 수 있다.

향후 e-Logistics의 방향은 모든 물류주체를 전자적으로 통합하는 수단으로 사용될 것이나, 현재 e-Logistics는 물류전문 업체와의 관련성을 제외하고 연구하거나 활용되기에는 시기적으로 적절치 않다고 할 수 있다. 따라서 e-Logistics의 한 단계 진보를 위해서는 물류제공자의 e-Logistics에 관한 체계화된 시스템 도입과 제공 능력이 선행되어야 한다.

또한 물류전문 업체는 물류관리의 변화와 정보화 시대에 적합하도록 유연하고 능동적 대응을 위해 전문적인 소프트개발에 관한 능력을 갖추어야 하며, 화주기업과의 유대관계와 전략적인 목적에 따라 기대효과에 부합하는 전략적인 파트너십 형성을 위한 관계개선에 적극적이어야 할 것이다.

따라서 이러한 중요성에 비추어 볼 때 더욱 효과적인 물류시스템을 위하여 화주기업과 고객을 제3자 물류중심으로 통합할 수 있는 3자 간 물류 공유·연계 시스템인 통합 물류정보시스템이 필요하다. 이러한 통합 물류 정보시스템은 현재의 고객을 유지시킬 뿐만 아니라 신규고객의 창출을 통하여 서비스 제공과 잠재고객 창출이라는 두 가지 목적을 동시에 달성할 수 있을 것이다. 또한 외부적 특성요인으로 정부나 기관 그리고 기타 물류 주체의 역할들을 언급할 수 있는데 다음절의 물류주체별 e-Logistics 전략에서 자세히 제시하고자 한다.

제2절 e-Logistics 활용전략

e-Logistics에 관한 연구의 부족으로 인해 활성화에 관한 제언도 많이 이루어지지 못했으나, 제3자 물류로 요약되는 물류아웃소싱에 관한 전략연구에서 e-Logistics 전략방안과 유사한 요인들을 도출할 수 있다. 이는 e-Logistics의 발전이 물류아웃소싱과 더불어 이루어졌고, 현재 e-Logistics 활용이 기업자체의 시스템 도입보다는 화주기업과 물류전문 업체와의 연결성 확보를 위한 수단으로 사용되고 있는 e-Logistics 발전 단계적 차원에서 해석할 수 있다.

e-Logistics가 이슈화되면서 이를 발전시킬 방안들이 몇몇 연구에서 제시되고 있는데, 이를 몇 가지로 구분해보면 물류관리의 통합화와 표준화, 법적·제도적 보충, 기술개발과 적용 그리고 부가가치 서비스 확대 등으로 요약할 수 있다. 본 절에서는 본 연구의 분석결과 및 선행연구들을 바탕으로 물류관리에 관여하고 있는 물류주체별로 e-Logistics의 활성화를 위해 어떠한 노력들을 해야 하는지에 관해 제언하였다.

1. 화주기업

1) 화주기업의 인식변화

기업이 경영전략도입에 있어 가장 먼저 해야 할 사항은 기업의 임무와 목적을 정립하는 일일 것이다. 특정 전략이나 시스템 구축 시 기업은 관련 시스템을 도입하는 목적을 정립하는 것이 필수일 것이다. 새로운 시스템이나 전략 도입에 있어 기업은 스스로 어떠한 인적·물적 자원을 가지고 있는지에 관한 현황분석이 수시로 이루어 져야 하며, 핵심 사업 분야에 대한 집중과 선택이 이루어져야만 할 것이다.

또한 공급망 관리와 아웃소싱의 확대에 따른 물류 관련 주체 간의 전자적 연결성을 확보하기 위한 시도가 여러 측면에서 발생하는데 이는 정보의 공유라는 문제점을 안고 있다. 따라서 기업의 정보공유에 대한 마인드전환과 물류주체 간의 조합과 조율이 중요하며, 자사의 정보를 관련 주체들에게 제공해야 하는 부담에도 불구하고 비용절감과 업무의 효율성을 극대화할 수 있기 때문에 물류 관련 주체의 e-mp 구축에 관한 노력을 기울여야할 것이다.

2) 물류전문 업체와의 파트너십 형성

화주기업 측면에서 기업의 핵심 분야와 비 핵심 분야를 선정하여 비 분야를 아웃소싱하자는 것이 바로 아웃소싱의 기본적 원리이다. 화주기업 측면의 e-Logistics 전략은 수익과 직결되는 핵심부문에 자원을 집중하기 위해 물류부문에 대한 시설투자 및 인력을 과감하게 줄이고, 물류전문 업체로부터 물류기능을 아웃소싱 하여 기업의 경쟁력을 제고시키는 전략을 택하는 것이 바람직하다. 화주기업이 물류기능을 아웃소싱 할 경우 물류 관련 자산을 보유하는 데 드는 비용을 줄일 수 있어 비용절감을 기대할 수 있고, 전문물류서비스를 활용할 수 있어 고객에 대한 서비스를 향상시킬 수 있게 된다.[203] 화주기업의 입장에서는 물류관리 중 주요 분야를 선정하여 우선 아웃소싱 하는 정책도 필요할 것이다.

그러나 화주기업은 물류아웃소싱의 경우 물류 관련 비용이 절반수준으로 절감이 가능해야만 경영진에서 고려해야 하는 특성을 가지고 있으며, 물류활용유형 중 특히 자사물류의 경우는 모기업과 연고성 유지로 경쟁력이 낮게 운영되고 있는 것이 현실이다. 이러한 이유로 인해 자체적 물류관리의 e-Logistics화가 어려운 경우 전문물류업체를 활용한 물류정보화 방안을 추구해야한다. 또한 전문물류업체와의 파트너십 형성을 통한 신뢰성 제고를 위한 전략마련도 뒤따라야 할 것이다.

3) 화주기업의 전자화 선행

e-Logistics는 물류관리특성과 IT특성을 모두 가진 물류관리 기법이다. 따라서 성공적인 e-Logistics를 위해서는 화주기업의 물류정보화의 완성을 위한 노력이 선행되어야만 한다. 물류관리를 외부에 아웃소싱 하는 업체의 경우 물류기업에서 따로 정보를 제공하지 않는 경우, 화주기업은 이후의 상황을 파악할 수 없다. 따라서 기업은 자체적으로 운용 가능한 범위 내에서 e-Logistics와 연계될 수 있는 관련 시스템을 구비해야하며, 또한 물류전문 업체에게 화물 관련 정보 서비스를 요청해야만 한다. 화주기업의 이러한 노력이 없다면 전체물류관리 중의 정보연계의 단절은 피할 수 없는 것이며, 화주기업이나 물류전문 업체의 경쟁력 확보도 요원할 것이다.

---

203) 오세영(2002), "중소기업의 국제 물류관리 −제3자 물류업자로서의 국제프레이트포워더활용−", 「중소기업연구」, 제24권 제1호, 한국중소기업학회.

4) e-Logistics 전략의 세분화

화주기업은 기업의 특성에 맞는 e-Logistics 전략을 펼쳐야 한다. 기업의 특성이 오프라인 혹은 온라인 기업인가와 기업의 물류관리 형태가 어떠한가에 따라 혹은 기업의 크기에 따라 e-Logistics 전략이 달리 적용되어야 한다는 것이다. 또한 기업의 업종에 따라 전략이 달라져야 한다는 것이다. 온라인 기업의 경우 특히 국내 쇼핑몰 중에서 기존에 물류망을 가지고 있는 큰 유통업체를 제외하고는 자체적으로 물류시스템을 구축하고 있는 업체는 매우 드물며, 이는 자체 물류시스템을 구축할만한 수요가 되지 못하기 때문이다. 그리하여 대부분 택배서비스, 퀵 서비스 등 기존의 서비스를 이용하고 있지만, 관련 비용이 경쟁력을 약화시키는 요인으로 작용하고 있다.

현재상황에서 화주기업이 할 수 있는 최소한의 전략은 자체 물류망을 보유하지 못하는 인터넷 쇼핑몰을 구축·운영하는 업체들이 공동으로 물류시스템을 구축하는 것이다. 업체 간 공동물류시스템 구축은 시스템을 구축하는 비용을 분담함으로써 경제적인 효율성을 증가시킬 뿐만 아니라 배송의 횟수가 늘어남에 따라 같이 처리해야 하는 상품이 늘어남으로서 단위당 배송비용을 줄일 수 있다. 또한 중소유통업체의 경우 공동구매를 통해 교섭력을 증가시킬 수 있으며, 업체 간 체인화를 통해 공동물류체계 또한 구축하여 경제성을 기할 수 있다.

또한 기업의 화물 양과 특성 등을 파악하여 기업의 물류관리 형태를 정한 후 그에 따른 e-Logistics 전략이 이루어져야 한다. 이는 아웃소싱 전략이 이루어져야만이 화주기업 차원의 e-Logistics 전략이 세워질 수 있기 때문이다. 업종에 따른 e-Logistics 전략은 관련 기업 간의 공동물류전략으로 실현할 수 있다. 최근 공동물류가 이루어지는 업종을 살펴보면, 동종 상품이나 판매 지역이 유사한 상품 회사 간의 전략적 제휴가 이루어지고 있다. 따라서 동종업종 간의 공동물류전략은 e-Logistics 전략에 앞서 선행되어져야 할 부부이라 할 수 있다.

앞서 실증분석의 성과부분에서도 살펴보았듯이 기업은 e-Logistics 시스템 활용을 직접적인 물류비 절감보다는 고객서비스 향상과 업무효율 향상을 위한 목적으로 사용하고 있다. 이처럼 대 고객서비스수준의 향상에 기업들이 많은 비중을 두는 것은 고객의 욕구가 다양해지고 의식수준이 향상되고 있으므로, 기존의 단순한 비용절감의 차원으로는 판매증대를 통한 이익의 확보가 어려울 것으로 보이며 전략적인 수단과 적극적인 마인드로 e-Logistics 활용을 계획해야 할 것이다.

2. 물류전문 업체

물류전문 업체는 e-Logistics의 초기 단계의 서비스 제공자라는 측면에서 볼 때 현재 가장 중요한 역할을 하는 물류주체라 할 수 있다. 앞서 실증분석에서도 물류전문 업체의 관련성에 따라 e-Logistics 활용도가 달라짐을 볼 수 있듯이 화주기업의 직접적인 시스템 도입보다는 물류전문 업체의 제공 서비스를 화주기업이 활용하는 단계의 e-Logistics 전략에서 물류전문 업체의 역할은 크다고 할 수 있다.

미래의 물류업의 영역은 단순한 수송·보관 등에서 조립·가공을 겸한 부가가치 물류(VAL: value-added logistics)로 확대될 것이며, 물류업이 전체 산업구조에서 차지하는 위상이 높아질 것이다. 미국의 경우 "부가가치를 높이는 물류창고는 미래형태의 공장"이라고 하며 물류산업의 중요성을 강조하고 있다. 최근 선진국 물류정책은 규제완화, 물류인프라 확충, 정보화·표준화를 통한 물류시스템의 고도화, 환경과 안전을 중시하는 경향으로 움직이고 있으며 이러한 역할의 중심에 물류전문 업체가 있다.

1) 물류전문 업체의 대형화

물류산업의 구조적 특성에 대한 부문에 있어, 운송을 포함한 물류부문에서 인터넷을 통한 정보교환은 글로벌 서비스를 제공하는 대형업체들 사이에서 치열하게 나타나고 있다. 이러한 대형업체의 정보화는 다양한 서비스를 공급사슬 상에서 관리하게 하므로 제한된 서비스를 제공하는 중소업체에는 경쟁력 약화를 가져오고 궁극적으로는 대형전문회사들이 정보시스템을 기반으로 독점체제를 형성할 것이라는 것이다.[204]

전 세계적으로 물류시장을 선점하고 있는 제3자 물류업체들은 육상과 해상운송을 혼용하여 국내 물류는 물론 국제 물류까지 포함하는 복합운송 능력과 함께 물류정보망 구성을 통해 전문적인 서비스를 제공하고 있다. 앞으로의 물류전문 업체는 대형전문회사들이 정보시스템을 기반으로 독점체제를 형성할 것으로 볼 때 국내 물류전문 업체의 e-Logistics 전략도 같은 맥락에서 정리 할 수 있다.

따라서 국내 물류업체들도 제3자 물류전문 업체화와 더불어 기존업체와 신규업체 간 인수합병·전략적 제휴 등을 통해 대형화·전문화해야 하며, 해상운송업·항만하역업·화물자동차운송업 등에 대한 규제완화로 업체 간 경쟁을 촉진시켜 물류서비스의 질을 높여야만 한다. 물류업체의 대형화로 물류서비스를 제공하는 업체의 경우 선도적인 물류정보서비스 제공업체의 벤치마킹을 통하여 서비스의 향상을 이루어야 할 것이다.

---

204) 권경섭·한기훈(2003), "우리나라 국가 물류정보화 현황 및 과제연구", 「로지스틱스연구」, 제11권 제2호, 한국로지스틱스학회.

<표 5-1> 선진국의 물류정책기조의 특징

구 분	물류정책기조	주요 추진내용
미 국	시장경제형	○ 자유경쟁, 환경·안전중시
일 본	국가주도형	○ 물류기술현대화, 정보화, 환경·안전화 ○ 허브공항·항만 건설
네덜란드	국가성장전략형	○ 외국투자유치, 허브공항·항만 건설 ○ 기업 간·국가 간 정보망 구축, 유럽표준화
싱가폴	국가생존전략형	○ 수요에 앞서가는 기반시설의 확충 ○ 자유무역지대 도입

자료: 교통개발연구원, 21세기 물류비전과 전략, 2000.

2) 화주기업과의 파트너십 확보

화주기업의 경쟁전략과 시장을 반드시 이해하는 것이 중요하다. 화주기업의 규모와 업종에 따라 제3자 물류업체 선정 시 중요시하는 기준이 무엇인지를 그리고 물류기능별 아웃소싱 대상이 무엇인지를 정확히 파악하여 맞춤 물류서비스를 제공하여야 한다. 즉, 화주기업이 중요시하는 분명한 성과와 이익을 찾아내어야만 한다.

따라서 화주시장 환경인 기업의 규모와 업종 그리고 시장경쟁력, 기업외부 환경의 영향, 고객의 불평, 고객납기일, 고객의 만족도 등을 정확히 파악하여 전략적 무기로 활용하여야 하며, 물류운영에 관한 새로운 기술을 끊임없이 개발하고 보급해 나가야만 경쟁우위를 차지할 수 있을 것이다.

물류업체와 화주기업 간의 관계는 운송, 보관, 하역, 포장 등 단순한 기능별 물류아웃소싱을 하는 것이 아니라 장기계약에 기반을 두면서 정보공유를 통해 공통의 목표를 갖는 것이다. 따라서 물류업체는 정보기술과 물류컨설팅 능력을 배양하여 화주기업과 지속적인 파트너십을 형성하여 화주기업의 특성에 맞는 e-Logistics 서비스를 제공해야 할 것이다.

3) e-Logistics 서비스와 기술의 다양화

물류업에 있어 경쟁업체 간의 치열한 경쟁은 물류업체 간의 서비스의 질과 폭을 넓혀 e-Logistics 제공과 활용을 더 활발히 진행할 것이다. 하지만 현재의 일반적인 운송 분야에 대한 서비스나 가격, 혹은 서류제공과 같은 일반적 e-Logistics의 형태는 더 이상 물류전문 업체의 경쟁 요소가 될 수 없다.

많은 웹 기반 물류정보서비스 업체가 경매를 통한 거래를 실시하고 있다. 국제무역의 불균형을 감안하여 선물시장과 같이 미래가격을 현재가격으로 고정할 수도 있도록 운송업체와 화주 간 네고가 가능한 서비스를 제공하고 있다. 이는 운송회사들은 직접화주들을 방문하여 영업함으로써 발생하는 영업비용과 관리비용을 절감하고 하주에게는 저렴한 운임을 제공하는 이점을 가지고 있다.205)

e-Logistics는 회전율과 취급요건이 상이한 수많은 재고유지단위(SKU: Stocking Keeping Unit)들을 조달, 보관, 선별, 선적, 배달하여야 하고, 이러한 과정이 급변하는 고객의 수요 및 요구조건에 맞추어 신속히 이루어져야 하므로, 정보통신 기술의 효과적인 활용이 특히 중요하다. 즉 첨단 정보통신 기술의 발달을 활용하여, 수요예측 정확도의 제고, 물류관리 활동의 불확실성 감소, 시스템 유연성의 제고, 기계 및 설비의 효율적 이용, 재고유지 필요량의 감소, 그리고 이에 근거한 비용절감 및 서비스 수준의 제고를 추구하여야 한다. 따라서 국내 물류전문 업체도 다양한 e-Logistics 관련 시스템을 개발·운용하여 화주기업에게 적절한 서비스를 적절한 시기에 개발하여 접근용이성을 제공할 수 있어야만이 경쟁력 향상을 꾀할 수 있을 것이다.

궁극적 물류관리의 정보화를 위해 물류주체 간의 통합을 꾀하는 3자 간

---

205) 고용기·김승철(2001), "e-Logistics의 웹 기반물류정보 서비스 경쟁력 제고에 관한 연구", 「물류학회지」, 제11권 제2호, 한국물류학회.

통합물류정보시스템 구축방안이 화두로 떠오르고 있다. 통합물류정보시스템의 구축은 물류관리업무의 표준화된 데이터베이스로 다수화주기업 대 제3자 물류업체 또는 다수 제3자 물류업체 대 화주기업이 원활, 즉 물류 관련 기업 및 제3자 물류가 데이터베이스의 표준화로 상호 물류 데이터 처리 및 정보 등의 물류관리업무의 업무호환이 이루어져야 한다.206) 고객은 주문기업채널에서 주문제품에 대해 이루어지는 주문부터 도착까지의 물류과정에 대한 물류서비스를 받게 되어 신뢰와 만족은 높아지게 되는 것이다. 또한 물류서비스의 고급화된 운영으로 제3자 물류의 물류서비스 품질은 고도화되어 만족된 물류관계를 가져갈 것이다.

물류는 자본, 노동, 에너지 집약적인 활동들을 포함하고 있으며 이러한 생산요소를 사용하는 비용이 빠른 속도로 증대되고 있으므로, 물류비용은 기업과 국가경제의 경쟁력에 중대한 영향을 줄 정도로 지속적으로 증가하고 있다. 정보비용은 물류 관련 활동 중에서 유일하게 이용비용이 감소하고 있는 비용 요소이므로, 총 물류비를 절감하기 위하여 정보자원으로, 그 이용비용이 상승하고 있는 다른 물류활동들을 대체하여야 한다.

마지막으로 공급업체, 제조업체, 물류업체, 유통업체 등 총공급망 구성원 가의 장기적이고 긴밀한 관계를 유지함으로로써, 각 구성원들이 상호 연계업무에 대해 보다 몰입하게 하고, 이를 통해 만족, 신뢰, 그리고 실적의 증대 및 궁극적으로 총공급망의 경쟁력을 제고시키는 관계관리의 개념이 e-Logistics 네트워크 관리의 기본이 되어야 할 것이다.

3. 정부와 기관

물류정보화 사업으로 귀결되는 e-Logistics 전략에 관한 정부나 기관의 책임은 몇 가지로 요약할 수 있는데, e-Logistics 산업 전반에 걸친 통합과

---

206)

표준화, 법적·제도적 보충, 화주기업의 의식 제고를 통한 수송방식의 개선과 인프라 구성 및 기술개발에 대한 지원 등으로 나눌 수 있다.

물류관리에 있어서 물류 관련 주체 간의 원활한 정보교환은 매우 중요한 요소이며, 물류정보화의 경제적 편익은 정보의 효율적 관리를 통해 물류시스템을 최적화함으로써 생산성 증대를 통한 물류비용의 절감과 고객에 대한 물류서비스 수준을 증대시킬 수 있을 뿐만 아니라 조달단계부터 고객에 이르기까지 물류업무 프로세스를 합리화함으로써 기업 경영혁신의 중요한 기반이 될 수 있다. 이러한 정보교환의 원활한 흐름을 위해 정부의 역할은 매우 크다고 할 수 있으나, 그동안 정부차원의 물류정보화 사업은 사업 시행기관의 이견으로 활성화되지 못했던 것이 사실이다. 현재, 우리나라의 물류 관련 정보시스템 구축은 부문별로 정보화가 추진되고 있으나, 공공부문에서 추진 중인 물류 관련 정보망과 개별기업의 물류정보시스템과의 연계·활용이 미흡한 수준에 있다. 또한 물류정보서비스가 이용자 중심으로 개발되어 이용되어야 하나 현재는 서비스 제공자 위주로 운영되어 물류정보망의 활용도가 매우 낮은 실정이다. 따라서 물류정보화 사업에 대한 통합 주체를 확실시하는 작업과 더불어 정부와 기관의 역할은 단절 없는 물류정보화를 위한 역할을 하는 것이 가장 중요하다 할 것이다. 정부와 기관의 e-Logistics 전략을 살펴보면 다음과 같다.

1) 물류주체 전체의 물류정보화 연결 노력

첫째, 앞서 실증분석 논의에서도 언급하였듯이 대기업의 자체적 물류관리 경영능력과는 달리 중소기업은 업계의 마인드 부족과 영세성 등으로 인해, 물류 타 주체와 정보를 교환할 수 있는 물류정보시스템의 구축과 활용이 미흡하다. 따라서 물류주체 전체의 물류정보화를 위해서는 중소기업위주의 영세공급업자에 대한 자금지원과 더불어 기술지원도 따라야 할 것이다. 제조업과 유통업 등 산업전반에 걸친 정보화에 대한 교육과 표준적 시스템의 개발과 그에 따른 보급과 같은 정책적 지원이 요구되는 시점이다.

또한 물류관리의 흐름에 대한 지식 부족으로 인한 효율적 물류관리를 하지 못하는 기업들을 위해 물류관리 부분에 대한 적절한 방법을 시나리오로 작성하여 제공해야 하는 책임도 정부에 있다고 하겠다. 그동안 항만물류정보망·통관망·무역망·금융망 등 즉, B2G로 대표되는 물류 관련 정보화 시스템은 어느 정도 사용되어 왔으나, 물류정보화 부문의 사업과제는 현재 우리나라 물류정보 체계에서 정보가 제대로 교환되지 않는 구간을 찾아서 이를 연결하는 방법으로 진행되어야 한다.

행정자치부·해양수산부·관세청 등 물류정보화 관련 기관들은 물류단계별로 막힘없는 정보 및 업무 흐름이 구현되고, 물류 관련 정보를 한 곳에 모은 물류 단일창구 구현을 골자로 하는 국가물류 종합정보서비스 정보화전략계획(ISP)을 최근 수립하고, 하반기부터 구축작업에 나서기로 했다. 이 프로젝트는 건설교통부·해양수산부·산업자원부·관세청·철도청·검역기관·민간업체 등 지금까지 개별적인 물류정보화를 추진해온 사업주체들 간 협업시스템을 구축하고, 정보 공동 활용 및 IT를 활용한 첨단 물류 인프라를 구축하는 것이 주된 내용이다.

국내 물류정보화는 관세청의 화물관리 및 통관절차와 해수부의 항만 입출항 정보화 등은 정보화 비율과 시간 부문에서 세계적인 수준이나, 기관 간 정보 단절과 복잡한 업무절차가 물류 선진화를 막고 있다는 평가로 인해 물류 주체 전체를 연계시키기 위해 이 프로젝트가 추진되고 있다. 정부는 이 프로젝트를 통해 물류 관련 기관과 기업이 모두 이용할 수 있도록 물류정보시스템의 관문인 '수출입 국가물류 포털'을 구축, 인허가 처리정보·화물 추적 정보·물류 통계 등 관련 정보를 공유하고, 복잡한 인·허가 절차를 한 곳에서 마칠 수 있도록 해야 할 것이다.

또한 물류를 형성하고 있는 공급사슬상의 주체 간 협력관계 설정 시에 실행하는 과정에 분쟁해결방안에 관한 효율적인 합의가 선행되어야 하는데, 이를 주도할 주체가 바로 정부와 기관의 역할이다. 상호우호 관계 특히 기업들 간의 협력은 매우 유동적이기 때문에 사안에 따른 법과 제도의 뒷받침이 되어야 보다 많은 협력관계가 이루어 질 수 있다. 이를 위해 범국가적 차원에서 법과 제도가 뒷받침 될 수 있도록 하여야 한다. 그 밖에도 앞서 언급한 협업물류정보시스템과 관련하여 정부차원의 인적·물적 지원시스템이 법·제도적 차원에서 이루어질 필요가 있다.

2) 물류기업의 대형화 유도

물류업체 간 조직화·대형화를 막는 여러 제도를 과감히 변화시키고, 세제 등을 개선해 나가야 한다. 물류업체 간의 인수·합병과정에서 발생하는 양도소득세 등의 관련 세제 부담이 인수협상의 걸림돌이 될 가능성이 있으므로, 세금납부기간의 연장, 분할납부, 이연 등 관련 세제를 개선하여야 한다. 최근 통합물류정보시스템에 대한 정부의 시도가 이어지고 있으나, 〈표 5-2〉에서 보는 바와 같이 부서 간 관련법, 명칭과 기능이 혼재해 있어 상호계열화가 미약한 게 현실이다. 이를 보완하고 지속적인 업무를 이어나갈 조직 구성이 필요한 시점이다.

또한 물류서비스업을 자연스럽게 육성될 수 있도록 수송, 보관, 하역, 포장, 유통가공 등 모든 부문에서 적용 가능한 종합물류서비스업을 제공할 수 있는 법률을 제정하는 것도 바람직하다. 현행조세제도를 대폭 개선함으로써 물류아웃소싱이 활성화되도록 유도하여야 할 것이다. 물류서비스업체의 대형화·규모화를 유도할 수 있도록 M&A과정에서 발생하는 양도소득세 등 관련 세제의 부담을 대폭 경감해 줄 필요가 있다. 물류공동화사업에 대한 지원대상을 제조업체나 유통업체 위주에서 전문물류업체 위주로 전환하고, 물류업체 간의 인수합병을 유도하여 대형화된 전문물류업체를 형성해야 할 것이다. 제3자 물류서비스는 정보통신기술이 기반이므로 이를 육성하여 물류기술의 선진화를 유도할 수 있을 것이다.

<표 5-2> 부처별 관련 법규 현황

소관부처명	관련 법규/ 주요 물류시설
건설교통부	화물유통촉진법, 화물자동차운수사업법, 철도소운송법, 항공법 (화물터미널, ICD, 유통단지, 창고시설, 도시물류시설, 경인운하)
산업자원부	유통산업발전법, (집배송센터, 공동집배송단지, 파이프라인)
해양수산부	항만법, 관세법 (항만 및 배후부지, 수산물유통센터, 연안해송시설)
농 림 부	농수산물 유통 및 가격안정에 관한 법률 (농·수·축산물 종합유통센터, 농산물도매시장·공판장 등)
보건복지부	약사법 (의약품공동물류센터)
철 도 청	철도소운송법 (CY, 철도종합물류기지, 양회 Silo 등)

자료: 교통개발연구원, 21세기 물류비전과 전략, 2000.

3) 물류활용유형에 관한 기준 제시 및 유도

정부차원의 전략으로써 물류관리 시스템에 대한 활용방안에 있어 효율성을 기하기 위한 유형을 제시해야하며, 기업규모별 유형별로 효율적인 물류활용유형을 제안하여 적용시키는 것도 정부의 몫이라 할 수 있다. 기업의 특성에 맞는 물류관리 형태가 적용되었을 때 적절한 e-Logistics 전략이 시행될 수 있기 때문이다.

물류전문 업체가 물류공동화사업에 주도적으로 참여할 수 있는 여건을 조성하고 유도해야 할 것이다. 이를 위하여 현행 물류공동화사업에 대한 지원은 주로 제조업체·유통업체에 대하여 이루어지고 있으므로, 오히려 물류전문 업체가 주도하는 공동화사업에 대하여 특별세율을 적용하는 등

대폭적인 지원을 강구해야 할 것이다. 또한 경쟁을 저해하는 기업 간 인수는 엄격히 제한하되 제3자 물류사업자의 육성에 도움이 되는 인수·합병은 적극적으로 유도하여 물류기업의 대형화·복합화가 촉진될 수 있도록 해야 할 것이다.

4) 물류표준화와 기술개발

새로운 시스템 도입에 따른 시스템과 기존 시스템과의 적응화 정도는 물류부분에 있어서는 물류표준화로 요약된다. 물류관리의 최종적 목적인 통합의 차원에서 볼 때 협업에 가장 필요한 요소는 물류표준화라고 할 수 있으며, 정부차원의 전략적인 정책과 제도화가 이루어져야 할 것이다. 성공적인 공급사슬관리를 추진하기 위해서는 효율적인 상품흐름과 정보흐름이 보장되어야 하며, 이를 위해서는 공급사슬상의 주체와 국내 물류는 물론 국제 물류의 표준 상품식별코드를 완성해야만 할 것이다.[207] 물류표준화의 대상은 국제 물류에 있어서도 시급한 실정이다. 수출기업, 운송회사, 세관, 항만운영자, 기타 VOCC, 운송주선인, 창고업자, 통관업자, 내륙컨테이너기지, 내륙운송업자 등 국제 물류에 관련된 모든 주체들이 상호간에 국제 물류의 연계시스템을 구성하여 참여하고 있어야 가능하기 때문에 이들의 업무를 분석하여 전산시스템을 표준화시키고 업무를 통합시킬 수 있는 기구가 설립되어야 한다. 국제 물류관리는 운송회사, 창고, 포장, 내륙컨테이너기지, 하역, 운송주선인, 내륙운송회사, 통관회사, 보세운송회사, 항만과 같은 기능들에 의해서 이루어지고 있으며 이들 간의 정보시스템의 연결이 불가능할 경우 이들 간의 거래비용이 증가하기 때문에 효과적인 국제종합물류관리 시스템은 구축되기 어려울 것이다.[208]

---

207) 윤혁권(2001), "공급사슬관리를 통한 기업의 업무효율성제고와 비용절감에 관한 연구" 「물류학회지」, 제11권 제2호, 한국물류학회.
208) 이제현(2003), "e-물류가 국제 물류의 협력관계에 미치는 영향에 관한 실증연

마지막으로 정부의 역할은 관련 기술의 개발에 있어서는 RFID(Radio Frequently Identification)와 같이 e-Logistics의 발전을 기할 수 있는 기술 개발을 정책적으로 지원해야 할 것이다. RFID는 운송 면에서는 화물 접수 시, 배송 정보를 저장한 태그를 부착하면 리더기가 장착되어 있는 구역 내에서의 입·출고 되는 물품 명세서 리스트들은 물건의 도착과 선적에 관한 사항에 직접 반영되며 즉시 현재 최신의 정보로 변형되어 관리가 용이하다. 이는 물건 내에 부착된 태그들이 우연히 움직여지거나 손상될 확률이 매우 적기 때문이며, 컨베이어 시스템에 리더가 장착되어 있다면 각종 품목들이 리더 근처를 지나가는 동안 자동적으로 물품명세서에 대한 변동 상황도 즉시 수정 출력이 가능하다. 따라서 이러한 관련 기술의 발전에 관한 지원은 e-Logistics 발전을 앞당길 수 있는 원동력이 될 수 있을 것이다.

4. 기타 물류 관련 주체

최근 물류 관련 주체들 중 물류정보화에 관한 역할이 부각되고 있는 것은 e-Logistics 관련 시스템을 제공하는 업체들이다. 이들 주체는 물류서비스를 제공하면서 전자화를 꾀하는 물류전문 업체와는 성격이 다르며, 순수한 IT 전문 업체로 정의할 수 있다. 이들은 물류전문 업체와 관련 기관에게 e-Logistics 관련 시스템을 개발·제공하고 있다는 측면에서 중요한 역할을 하고 있다. 이들 업체는 크게 소프트웨어 개발업체와 통신망 제공업체로 나뉠 수 있다.

먼저 이들 주체는 한 산업이나 기업의 e-Logistics 요구조건에 적응된 소프트웨어를 개발·제공하여야 한다. 이를 위해서는 사용 기업의 e-Logistics 관리 프로세스 요구조건과 그들 자체 고객들과의 관계에 대한 철저한 이해를 바탕으로 두고, T&T, 감사 및 시스템 감시, 실적분석, 보고서 생성 등 다양

구", 「국제상학」, 제18권 제2호, 한국국제상학회.

한 기능들을 적응 및 보완한 후 포함시켜야 한다.

e-Logistics를 위한 효율적인 정보처리기반이 제공되어야 한다. IBM의 경우, 통합 운영소프트웨어, 하드웨어, 그리고 이들을 종합적으로 연계 운영하는 체계구축을 위한 컨설팅 기능을 제공하고 있다. 따라서 국내 기업들도 타사 시스템과의 호환성을 위한 작업을 선행해야 할 것이다.

또한 부가가치 e-Logistics 서비스로써 화주기업이나 물류업체 등 관련 고객의 요구조건, 경영철학, 경영전략 및 운영방식에 효과적으로 적응할 수 있게 개발되어야 하며, 이를 위해서는 서비스 개발의 초기 단계부터 고객과의 적극적인 파트너십을 이용하여 참여시켜야 할 것이다. 글로벌 e-Logistics 시스템을 구축할 경우에도, 전통적인 접근방식과는 반대로 고객으로부터 출발하여야 하며, 고객의 요구조건에 따라 유통경로, 제공되는 서비스, 투입요소, 시설 및 장비, 사업계획의 순서로 의사결정이 이루어지는 고객 중심적 접근방식이 채택되어야 한다.

그 외에도 인터넷의 쌍방향통신 기능을 활용하여 물류서비스의 새로운 영역을 개척하고 있다. 이들은 화주와 물류업체 또는 물류업체들 간에 네트워크를 형성하여, 업체들끼리 자유롭게 만나서 상호 필요로 하는 각종 정보를 교환할 수 있는 시장 환경을 제공해야 한다. 또한 다수의 물류업체와 다수의 화주가 참여하는 공동체를 운영함으로써, 물류의 공동화, 비교구매 및 직거래를 자연스럽게 유도해야만 한다.

현재 국내 서비스 유형이 사업자의 접속 서비스 위주이고, 아직 통신 업체들이 다양한 부가서비스를 공급할 체제가 갖춰지지 못한 것이 부가서비스의 확장과 성공을 가로막는 가장 큰 이유다. 단순한 접속에서 고급 서비스로 전환은 새로운 부가가치를 창출할 수 있으며, 물류전자화에 활력을 가할 수 있을 것이다. 국가 간의 치열한 경쟁 상황 속에서 기업이 살아남기 위한 전략은 독자적인 전략보다 오히려 가치사슬상의 협력회사 간 정보의 공유와 협업이라 할 수 있다. 정보화시대에 기업의 경쟁력 강화의 수단으로 물류관리는 그 중요도가 커지고 있으며, 협업물류정보시스템은 정보기술과 경영관리라는 두 가지 측면을 모두 고려하여 진행시켜야 할 것이다. 앞으로 물류관리의 가장 큰 이슈는 통합이며, 통합의 주체는 어느 하나가 아닌 물류관리의 모든 주체들이다. 따라서 통합에 따른 각자의 의무를 이행하며 지속적인 협조체제가 이루어져야만 할 것이다.

제Ⅵ장 요약 및 결론

최근 물류에 대한 관심이 증폭되면서 물류관리방법에 있어서도 인식과 수단에 변화를 거듭해 오고 있다. 물류관리의 변화는 크게 물류관리의 중요성 증가, 물류의 외부화, 그리고 물류의 전자화로 요약될 수 있다. 이러한 물류관리의 변화와 함께 물류관리에 대한 연구도 병행되어 왔다. 한편 물류 관련 정보기술도입에 관한 선행연구들은 EDI연구를 중심으로 한 혁신 확산 이론을 근거로 해서 실시되어 왔으나, 조직의 특성을 너무 강조한 나머지 가장 기본적인 특성인 조직 간 관계를 소홀히 하였다.

특히 본 연구의 주제인 e-Logistics는 단순 화주기업에서만 행해지는 단편적 시스템이 아닌 물류 관련 주체 간의 의존과 필요성에 의해 행해지는 조직 간 시스템이라고 볼 수 있다. 그동안의 선행 연구들이 모두 물류의 정보화와 물류의 아웃소싱 부분을 분리 연구하여 두 분야가 서로 영향을 주는 요인임에도 불구하고, 각각의 연구에 기업의 조직 특성만을 고려한 연구라는 한계점을 지니고 있었다.

따라서 본 연구에서는 e-Logistics 활용에 영향을 미치는 요인들을 두 가지 측면에서 접근하였다. 즉 e-Logistics를 활용하고자 하는 기업의 내부적 특성인 조직 특성, 국제화 특성 및 물류관리 특성의 정도와 e-Logistics 활용도와의 관계를 보았다. 또한 외부적 특성요인으로 물류관리 주체를 화주기업과 물류전문 업체로 나누어 화주기업의 물류전문 업체와의 관련성 정도에 따라 e-Logistics를 어떻게 활용하고 있는지 측정하였다. 한편 기업의 e-Logistics 활용도에 따른 물류성과를 고객서비스 향상 정도, 경영능력증대 정도, 업무효율성 증대 정도, 물류품질 개선 정도 및 물류비 절감 정도 등 5가지 내용으로 분리해 살펴보고, e-Logistics의 활용이 어떠한 물류성과에 더 큰 영향을 주는지에 관해 실증적 분석을 통해 도출하였다. 이상의 연구내용을 가설화하여 검증한 결과를 보면 다음과 같다.

첫째, 기업의 내부적 특성인 조직특성, 국제화 특성, 물류관리특성, 및 e-Logistics의 활용도를 살펴보았다. 조직특성요인으로 구성된 기업규모, 거래빈도, 조직혁신성향은 그 자체적인 요인보다는 화주기업의 물류전문 업체와의 연결성이라는 e-Logistics의 특성상 소기업일수록 활용도가 높게 나타났으며, 거래빈도는 활용도와 일치된 방향성을 보여주고 있지 않았다. 또한 조직혁신성향은 e-Logistics와 관련성이 없는 것으로 조사되었는데, 이는 화주기업이 e-Logistics의 도입을 내부화를 위한 시스템 도입이 아닌 물류전문 업체와의 연결성을 증진시키기 위해 활용하는 것이기 때문에 혁신성향보다는 외부화에 영향을 더 받는 것으로 보인다. 국제화 특성으로는 해외진출 형태보다는 매출액 중 해외시장에서의 매출액이 적을수록 활용도가 높게 나타나, 이 부분 또한 기업의 규모가 작을수록 e-Logistics를 많이 활용하고 있는 결과가 도출되었다.

또한 정보화 수준은 물류업체와의 원활한 연결성을 위해 정보화 수준이 높을수록 e-Logistics의 활용도가 높은 것으로 나타났다. 마지막으로 물류관리 특성에 따른 e-Logistics 활용도는 물류조직특성과 물류전략계획의 보유 정도로 나누어 분석한 결과 두 변수 모두 e-Logistics 활용도에 영향을 주고 있는 것을 알 수 있었다.

다음으로 외부적 특성요인인 물류활용유형에 따른 e-Logistics 활용도와 물류활용유형의 조절효과에 대한 분석에서, 물류활용유형은 화주기업의 물류관리의 외부화가 높을수록 e-Logistics 활용도가 높은 것으로 나타났다. 이는 e-Logistics가 화주기업과 물류기업의 원활한 정보관리를 위한 수단으로 사용되는 시스템이라고 정의하는 협의적 정의에 적합한 결과라 할 수 있다.

그러나 외부화의 의미에는 몇 가지 함축적 내용이 있을 수 있는데, 본 연구의 결과에서는 일괄적 아웃소싱의 경우 가장 e-Logistics 활용도가 높게 나타났으며, 물류자회사 위탁, 공동물류, 단순아웃소싱 순으로 활용도를 보였다. 이러한 연구 결과는 화주기업과 물류제공업체 혹은 공동물류시의 관련 기업과의 관련성과 개입 정도가 높을수록 e-Logistics의 활용도가 높은 것을 알 수 있는 결과이다. 또한 물류활용유형을 매개 변수로 한 더미 분석에서도 물류활용유형에 따라 e-Logistics에 조절효과를 보이고 있는 것으로 나타났다. 즉 물류활용유형 중 일괄적 아웃소싱일 때 가장 큰 e-Logistics 활용도를 보이는 것으로 조사되었으며, 이는 각각의 독립변수가 e-Logistics를 활용할 때 일괄적 아웃소싱의 경우에 가장 큰 영향을 끼치고 있는 것으로 분석할 수 있다.

마지막으로 e-Logistics 활용도와 물류성과에 대한 분석에서 물류성과를 고객서비스, 경영능력, 업무효율성, 물류품질, 물류비 절감 등 5가지 성과로 분류하여 살펴보았는데, 업무효율성을 제외한 나머지 4개의 성과 부분에서는 유의한 결과가 도출되지 않았다. e-Logistics가 물류전문 업체에게는 부가가치 창출 수단이지만, 화주기업의 물류관리에 있어서는 물류흐름의 전자화를 통한 업무 효율성 증대 측면에 적용되는 것으로 판단할 수 있다. 또한 e-Logistics가 초기의 도입단계이기 때문에, 가시적인 성과를 보이기에는 투자와 인프라의 수준이 부족하고 투자에 대한 성과를 인지하기에는 e-Logistics의 활용역사가 일천하기 때문에 도출된 결과라 할 수 있다.

앞으로 e-Logistics의 확대는 상품 원재료의 출발부터 최종 소비자에 이르는 원활한 물류흐름을 통한 물류비 절감으로 정의할 수 있겠지만, 아직은 e-Logistics가 초기 단계인 만큼 가시적으로 나타나는 기업의 정량적 성과는 기대하기 어려울 것으로 본다. 따라서 본 연구의 업무효율성 측면의 물류성과는 초기 단계의 e-Logistics의 물류성과에 적합한 항목이라고 할 수 있다. 끝으로 실증분석에 관한 논의 및 물류주체에 따른 e-Logistics 전략을 제시함으로써 활성화에 기여하고자 하였다.

본 연구의 의의는 다음과 같다. 첫째 e-Logistics의 정의를 광의와 협의 그리고 관련 주체 및 e-Logistics 수단 등으로 구분하여, 연구 초기 단계의 개념 정립을 시도하였다. 둘째 그동안 e-Logistics의 개념을 단순한 물류전문 업체의 제공 서비스로만 제시하였던 개념에서 벗어나 e-Logistics의 활용에 관한 내용을 기능별로 구분하여 제시하였다. e-Logistics의 구성요소를 물류주체, 기능적 요소 및 경로별 요소로 구분 할 수 있는데, e-Logistics의 기능적 범위를 분류하는 작업이 되었다. 또한 그동안 물류 관련 정보기술에 관한 연구들이 모두 기업의 특성 부분인 규모나 물류관리 전략만을 너무 강조하여 실제로 기업이 어떠한 상황에서 e-Logistics를 선택하고 활용하는지에 관한, 즉 물류활용유형이나 정부기관에서 제공하고 있는 물류 관련 정보기술 사용 정도에 대한 연구는 여전히 부족했던 것이 사실이다. 이것은 화주가 직접 물류의 전자화를 하지 않더라도 간접적인 방법을 통해 물류의 전자화를 추구하고 있는 실태를 반영하지 못하는 연구 결과를 초래할 수 있기 때문에 간과해서는 안 될 부분이다.

본 연구를 통하여 e-Logistics 활용에 영향을 미치는 요인이 화주기업의 기업특성이나 물류관리 전략과 더불어 물류주체 간의 상호의존적인 영향에 의해 결정될 수 있음을 알 수 있는 계기를 마련할 수 있었다. 따라서 e-Logistics의 주체를 그동안 물류업체의 입장에서의 전자화로 두었을 때 물류 전자화의 주체 대상을 한정해 두었다는 한계를 기업에게까지 확대함으로써 자칫 물류전자화라는 대명제 앞에 소외되기 쉬운 기업의 입장이나 현황을 다시 한번 확인할 수 있는 계기가 되었다. 또한 e-Logistics의 개념을 단지 물류의 전자화에 두고 절차나 활용 부문을 개념화하지 않았던 부분을 기능별 e-Logistics 활용도에 따라 구분한 것은 화주기업이나 물류기업에게 e-Logistics적용의 기준을 제시하였다고 할 수 있다.

따라서 앞으로 e-Logistics의 성공적 활용이 물류전문 업체와의 관련성에 따라 이루어진다고 볼 때, 기업의 아웃소싱여부와 정도를 결정하는 기준제시에 대한 연구가 이루어져야만 할 것이다. 즉 기업의 물류관리 내부화와 외부화에 대한 기준제시가 있어야 하며, 이는 기업이 물류관리 정책을 선택하는 기준이 될 것이다.

본 연구의 선행연구 분석, 설문작업과정, 가설 분석 등을 통하여 e-Logistics 활성화를 위한 부가적 제언으로는 정부와 기업 그리고 물류업체 측면에서 바라 볼 수 있다. 또한 이와 더불어 물류 관련 주체별로 e-Logistics 활성화를 위한 정책제식 있을 수 있다. 먼저 정부와 기업의 e-Logistics 활용에 관한 정책적 전략적인 마인드 함양을 위한 토대가 마련되어야 할 것이다. 아직까지 e-Logistics에 대한 개념정립조차도 확실하지 않은 상황에서 활성화는 요원한 것이며, 활용주체의 확고한 활용의지가 있어야 할 것이다. 또한 물류관리의 전자화를 위해서 정부 입장에서 해결해야 될 과제로는 물류정보의 국제 표준화 참여, 보안과 인증기반의 체계 정립과 같은 사이버 물류 지원 제도를 우선적으로 개선해 나가야 하며, e-Logistics 관련 기술의 발전과 적용을 지속적으로 추진해야 할 것이다. 또한 현대 e-Logistics의 발전단계 측면에서 볼 때 물류전문 업체의 역할도 매우 크다고 할 수 있다.

e-Logistics의 기본 개념은 상품 생산자와 판매자 및 관련된 각종 서비스 제공자, 고객 등 거래 당사자 간의 협력활동을 지원하는 정보시스템을 구축하여 기업의 프로세스 개선 및 일관된 활동으로 공급 채널 전체의 효율을 혁신하고자 하는 것이다. 따라서 앞으로 e-Logistics의 발전은 종래의 단순제휴관계를 뛰어넘어 더욱 강화된 전략적 제휴로서, 업무계획과 수행에 필요하며 조직 내의 경영정보까지도 서로 공유하여 적극적으로 협력하는 사업 동반자 관계를 형성해야만 할 것이다.

본 연구는 e-Logistics 활용과 성과에 영향을 주는 요인들을 도출해내는 의미 있는 조사결과를 얻어냈지만, 가설설정과 설문지 작성, 또한 연구가설 검증을 통해 몇 가지 한계점이 도출되었다.

첫째, 설문지 작성에 있어 설문지응답자를 위한 문항 설정으로 인하여 다양한 문항수를 기재하여 유사하되 의미적 차이가 존재할 수 있는 질문을 다양화하지 못하고, 함축된 문항으로 의미를 도출하려 하다보니 문항수가 적어지며, 자칫 응답자에게 질문의 의도를 왜곡되게 전달할 수 있다는 한계점이 드러났다. 또한 설문조사방법의 한계로 다양한 질문, 핵심적 질문의 설정이 미흡했다.

둘째, e-Logistics의 완벽한 정의와 개념의 미 확립에서 오는 변수조작의 한계성을 들 수 있다.

셋째, e-Logistics 활용의 역사가 일천하여 가설의 설정 및 양호한 결과를 도출하는 데 다소 회의적 상태에서 본 연구를 출발할 수밖에 없었다.

넷째, e-Logistics 활용 및 이에 대한 연구의 절대적 부족으로 변수 도출에 물류아웃소싱 분야와 물류 관련 정보기술에 관한 연구가 사용됨으로써, e-Logistics의 확률적 성과에 대한 분석을 위한 정확한 변수 도출에 어려움이 있었다.

다섯째, 설문조사 참여자의 e-Logistics에 관한 인지부족에서 오는 자료의 설문응답에 관한 신뢰성 부족을 들 수 있다.

성공적인 e-Logistics의 적용은 화주기업의 물류전자화와 더불어 관련 기관과의 통합된 물류서비스를 지향해야 한다고 볼 수 있으나, 현재 e-Logistics의 활용은 물류전문기업의 제공과 화주기업의 활용 정도의 수준에 있다. 그러나 물류전문 업체의 e-Logistics제공이 화주의 태도와 상관없는 동질적 서비스의 제공과 일방통행 식으로 진행되는 것은 바람직하지 않다. e-Logistics 물류서비스의 비전과 정책, 그리고 창의적 분석력으로 승부하는 분위기209)와 화주기업의 적극적인 e-Logistics 활용의지가 이어져야 할 것으로 본다.

한편 본 연구의 접근방법을 두 가지 관점에서 생각해 볼 수 있는데, 앞으로 e-Logistics의 의미는 물류의 전자화를 통합적으로 포함하는 광범위한 의미로 발전할 것이다. 따라서 화주기업 혹은 물류전문 업체뿐만 아니라 관련 주체 간의 관련성에 따라 e-Logistics 활용도를 모두 측정할 필요가 있다. 기업 자체적으로는 물류의 전자화가 미흡하더라도 관련 기관에서 제공하는 서비스를 사용함으로써 전자화를 꾀할 수 있기 때문이다.

본 연구는 e-Logistics의 초기 단계에서 연구를 진행하므로 인해 e-

---

209) 조찬혁(2003), "국제 물류에 있어서 운송업체와 화주 간 온라인 물류정보서비스의 성공요인에 관한 실증적 연구", 「국제상학」, 제18권 제4호, 한국국제상학회.

Logistics 활용의 대표성을 확보하기 위해 기업규모별 업종별 구분을 세분화하지 않고 실시하였다. 따라서 앞으로의 연구에서는 기업규모에 관해서도 좀 더 세분화하여 분류하고, 업종별로도 분류하여 접근해야 할 것이다.

더불어 기업들이 실제적으로 어떠한 요인들로 인해 e-Logistics를 활용하는지에 관해 사례분석과 직접면담 등을 통하여 도출하고, 그러한 요인들을 사용해 실제와 이론의 적합성을 시도하는 연구가 기업에게 직접적인 방향제시의 효과가 있을 것이다. 이와 함께 광의적 의미에서 접근하여 e-Logistics를 활용하는 주체를 물류 관련 주체를 모두 포괄한다고 할 때, e-Logistics의 활용을 자사도입에 의한 활용인지, 다른 물류주체와 관련되어 발생하는 활용인지를 분리하여 분석하는 작업이 필요할 것이다. 이와 같은 분석은 그 형태에 따른 e-Logistics 활용방안제시에 큰 도움이 될 수 있을 것이다.

또한 e-Logistics 활용과 성과에 영향을 주는 요인들을 추출하여 적용하는 데 있어 다 항목의 요인들을 가지고 접근할 것인지, 몇 개의 핵심 요인만을 뽑아 측정 할 것인지에 관한 것이다. 본 연구에서는 e-Logistics 활용의 초기 연구인만큼 다양한 요인들을 가지고 접근을 시도했다. 본 연구에서 제시한 변수들을 중심으로 앞으로 변수별로 좀 더 깊이 있고 세분화된 연구 시도가 이어져야 할 것이다. 마지막으로 현재 국내 e-Logistics 도입과 활용이 초기 단계이기 때문에 본고와 같은 실증분석과 더불어 e-Logistics 활성화를 위한 정책 제언적 연구도 계속 이어져야 할 것이다.

참고문헌

〈국내문헌〉

고용기·김승철(2001), "e-Logistics의 웹 기반물류정보 서비스 경쟁력 제고에 관한 연구", 「물류학회지」, 제11권 제2호, 한국물류학회.

구경모(2003), "국제 물류업의 제3자 물류사업(3PL) 전환에 대한 소고", 「로지스틱스연구」, 제11권 제2호, 한국로지스틱스학회.

권경섭·한기훈(2003), "우리나라 국가 물류정보화 현황 및 과제연구", 「로지스틱스연구」, 제11권 제2호, 한국로지스틱스학회.

권영철·이종학(2002), "물류서비스업체에 대한 수출화주기업의 파트너십 결정요인에 관한 연구", 「로지스틱스연구」, 제10권 제1호, 한국로지스틱스학회.

김명희·장영수·허동욱(1998), "기업특성이 물류정보시스템의 수용도에 미치는 영향", 「경영경제연구」, 제3권, 한국경영경제학회.

김병곤·정영수(2003), "관리특성과 조직특성이 EDI 구현에 미치는 상호작용 효과분석", 「경영정보학연구」, 제13권 제2호, 한국경영정보학회.

김석수·김상열(2003), "물류정보기술이 기업의 경영성과에 미치는 상호작용 효과", 「해운물류연구」, 제39호, 한국해운물류학회.

김성철(1997), "연구개발 아웃소싱의 결정요인에 관한 실증적 연구", 「명지대학교 대학원 박사학위논문」, 명지대학교 대학원.

김용덕·안철경(2004), "대기업 대 중소기업별 전자무역 성과에 영향을 주는 요인에 관한 실증연구", 「국제경영연구」, vol.15, no.1, 한국국제경영학회.

김용만·이현기(1999), "LIS의 기능별활용 수준과 물류활동연계 수준이 물류성과에 미치는 영향에 관한 연구", 「마케팅과학연구」, 제4집, 한국마케팅과학회.

김종칠·박재용(2002), “제3자 물류서비스의 성공요인에 관한 실증적 연구”, 「무역학회지」, 제27권 제3호, 한국무역학회.

김종칠(2000), “화주와 물류업체 간의 제3자 물류에 대한 관계설정 및 서비스 전략에 관한 연구”, 「한국물류학회지」, 제11권 제1호, 한국물류학회.

김진호·김미영(1997), “물류정보시스템 수용 정도와 물류성과 측정 기준 간의 관계에 관한 연구”, 「충청회계학연구」, 제2권 제1호, 충청회계학회.

김진환(2002), “인터넷무역에서의 e-logistics의 가치지향성”, 「한국항만경제학회지」, 제18집 2호, 한국항만경제학회.

김창봉(2003), “GSCM 글로벌 시스템 구축과 성과에 관한 연구”, 「물류학회지」, 제13권 제2호, 한국물류학회.

김창봉(2002), “글로벌 SCM 도입기업의 물류 혁신에 관한 연구”, 「e-비즈니스연구」, 3권 1호, 한국e-비즈니스학회.

김철민·신창훈(2002), 「e-로지스틱스」, 도서출판 두남.

노승혁(2001), “기업특성에 따른 물류정보시스템 관련 요인이 물류성과에 미치는 영향에 관한 실증적 연구”, 「중소기업연구」, 제23권 제3호, 한국중소기업학회, pp212~213.

_____, “부산지역 중소제조업체의 물류정보시스템 활용도에 관한 실증적 연구”, 「무역학회지」, 제26권 제2호, 한국무역학회.

_____·김철민·서근하(2003), “물류정보시스템 활용도가 물류성과에 미치는 영향에 관한 연구 -부산지역 중속기업을 중심으로-”, 「중소기업연구」, 제25권 제3호, 한국중소기업학회.

_____·김철민·서근하(2003), “물류정보시스템 활용도가 물류성과에 미치는 영향에 관한 연구”, 「중소기업연구」, 제25권 제3호, 한국중소기업학회.

문희철(1996), “우리나라 수출업체의 인터넷활용에 관한 실증분석”, 「충남대경영논집」, 제15권 제1호, 충남대학교.

김수욱(1997), "물류정보시스템과 기업특성들 간 관계구조분석", 「서울대학교 박사학위논문」, 서울대학교 대학원.

박선태(2001), "기업의 물류특성이 물류정보시스템 활용과 물류성과에 미치는 영향에 관한 연구", 「경성대학교 박사학위논문」, 경성대학교 대학원.

______·권기대·김승호(2002), "물류관리와 물류성과에 있어서 물류정보시스템의 매개효과", 「산업경제연구」, vol.15, no.3, 한국산업경제학회.

박승봉·서준석(2003), "e-logistics 실행에 영향을 미치는 조직특성 요인에 관한 탐험적 연구", 「인터넷전자상거래연구」, 제3권 제2호, 한국인터넷전자상거래학회.

박종훈·이호욱(2004), "최고경영진의 다양성과 기업의 국제화 수준 간의 관계: 국제적 제휴의 매개효과." 국제경영연구, 제15권 제2호, 한국국제경영학회.

박홍균(2001), "e-Logistics에 따른 전문물류업의 전략", 「해운연구」, 한국해운학회.

방희석·박영재(2000), "수출입 기업이 국제수송수단 선택에 관한 실증적 연구", 「국제해운학회지」, 제30호, 국제해운학회.

방희석·이규훈(1992), "수출기업의 국제 물류관리향상에 관한 연구", 「생산성논집」, 제6권.

산업자원부, 「産業物流 革新 對策(2002~2006)」, 산업자원부, 2002. 6.

서수완·방희석(2002), "물류서비스품질 지각이 재 구매 의도에 미치는 영향 분석", 「무역학회지」, 제27권 제3호, 한국무역학회.

서창교·이형석(2000), "기술혁신의 관점에서 전자상거래 도입단계의 실증분석", 「경영정보학연구」, 제10권 제2호, 한국경영정보학회.

심규열·이현기·김우현(2001), "통합물류정보시스템의 활용이 물류성과에 미치는 영향에 관한 연구", 「마케팅과학연구」, 제8집, 한국마케팅과학회.

오세영(2002), "중소기업의 국제 물류관리 -제3자 물류업자로서의 국제프레이트포워더활용-", 「중소기업연구」, 제24권 제1호, 한국중소기업학회.

옥선종·지정근(2001), "물류정보시스템 아웃소싱 결정요인에 관한 연구", 「한국물류학회지」, 제11권 제1호, 한국물류학회.

유일·신정신·소순후(2004), "중소기업 최고경영층의 조직 간 정보시스템 이용 의도에 영향을 미치는 요인에 관한 연구", 「중소기업연구」, 제26권 제1호, 한국중소기업학회.

이규훈(1995), "수출기업의 국제 물류전략에 관한 연구", 「해운물류연구」, 한국해운물류학회.

이상재(2001), "The Impact of Factors affecting Innovation Characteristics on EDI Implementation Success", 「경영정보학연구」, 제11권 제1호, 한국경영정보학회.

이석준(2001), "ERP시스템 구현의 핵심성공요인과 활용 성과에 관한 실증적 연구: 중소기업을 중심으로", 「경영정보학연구」, 제11권 제4호, 한국경영정보학회.

이영숙(1999), "조직규모, 조직구조, 정보시스템 사용 상호간의 관련성", 「경북대학교 박사학위논문」, 경북대학교 대학원.

이영찬·최진수(2003), "중소유통업의 물류공동화에 관한 연구", 「물류학회지」, 제13권 제1호, 한국물류학회.

이용근(2001), "글로벌 로지스틱스 효율화를 위한 e-logistics의 기능과 전망", 「국제상학」, 제16권 제2호, 한국국제상학회.

______(2004), "전자무역의 활용수준과 성과 영향요인에 관한 연구의 종합분석", 「통상정보」, 한국통상정보학회.

______(2004), "글로벌 물류의 전략적 틀의 형성에 관한 연구", 「물류학회지」, 제14권 제1호, 한국물류학회.

______·김승철·정재우(2004), "전자무역의 활용수준과 성과 영향 요인에 관한 연구의 종합분석", 「통상정보연구」, 제6권, 제1호, 한국통상정보학회.

이장호·남부기(2003), "중소제조기업의 제품다각화, 국제진출 및 조직적 학습이 경영성과에 미치는 영향", 「중소기업연구」, 제25권 제4호, 한국중소기업학회.

이재원·이영환(2001), "EDI 시스템의 확산과 성과에 관한 실증적 연구", 「경영정보학연구」, 제10권 제4호, 한국경영정보학회.

이제현(2003), "e-물류가 국제 물류의 협력관계에 미치는 영향에 관한 실증연구", 「국제상학」, 제18권 제2호, 한국국제상학회.

이종학·권영철(2002), "물류아웃소싱 유형의 결정요인과 성과에 관한 연구 – 섬유수출기업을 중심으로-", 「무역학회지」, 제27권 제2호, 한국무역학회.

이충배·김성원(2002), "글로벌물류전략이 기업성과에 미치는 영향에 관한 실증 연구", 「국제상학」, 제17권 제2호, 한국국제상학회.

이충배·박희수(2001), "물류정보기술의 전략적 활용과 기업성과", 「통상정보연구」, 제3권 제1호, 한국통상정보학회.

이해신(1998), "기업특성이 물류정보시스템에 미치는 영향에 관한 연구", 「공업경영학회지」, 제21권 제47호, 한국공업경영학회.

일본로지스틱스시스템협회(JILS), 「2003년도 물류코스트 조사 보고서」, 일본로지스틱스시스템협회, 2004

임재욱(2002), "한국 무역기업의 인터넷 전자상거래 실행 및 성과에 관한 실증적 연구", 「고려대학교 대학원 박사학위논문」, 고려대학교 대학원.

정윤·노영·강재정(1997), "조직적 특성과 혁신유도 특성이 EDI의 확산에 미치는 영향", 「경영정보학연구」, 제7권 3호, 한국경영정보학회.

조찬혁(2003), "국제 물류에 있어서 운송업체와 화주 간 온라인 물류정보서비스의 성공요인에 관한 실증적 연구", 「국제상학」, 제18권 제4호, 한국국제상학회.

진형인(2003), "글로벌 로지스틱스의 전문적 관리를 위한 파트너십 형성방안", 「로지스틱스연구」, vol.11, no.2. 한국로지스틱스학회.

208

최장우(2000), "수출기업특성과 인터넷 무역동기와의 관계에 관한 연구", 「산업경제연구」, 제13권 제5호, 한국산업경제학회.

추장협 외 1인(1997), 「물적유통론」, 형설출판사.

한국해양수산개발원(2001), 「21세기 글로벌 해운물류」, 도서출판 두남.

한우수(2000), "제3자 물류업체 선정요인에 관한 실증적 연구", 「동의 대학교 대학원 박사학위 논문」, 동의대학교 대학원.

황인수(1998), "제3자 로지스틱스에 대한 고찰", 「유통연구」, 제2권 제1호, 한국유통학회.

〈외국 문헌〉

Bagchi, P. K.(1992), "International Logistics Information System," *International Journal of Physical Distribution and Logistics Management*, vol.22, no.9.

______ and Virum, H.(1998), "Logistical Alliance: Trends and Prospects in Integrated Europe," *Journal of Business Logistics*, vol.19, no.1.

Bardi, E. J. and Tracy, M.(1991), "Transportation Outsourcing: a Survey of US Practices," *International Journal of Physical Distribution and Logistics Management*, vol.21, no.3.

Barret, S. and Konsynski, B. R.(1982), "Interorganization Information Sharing System," *MIS Quarterly*, vol.6.

Barret, S. and Konsynski, B. R.(1982), "Interorganizationl Information Sharing System," *MIS Quarterly*, vol.6.

Bhatnagar, R., Sohal, A., & Millen, R.(1999). "Third Party Logistics Sevices: a Singapore Perspective", *International Journal of Physical Distribution and Logistics Management* , vol.29, no.9.

Boist, M. H.(1995), "Is Your Firm a Creative Destroyer? Competitive

Learning and Knowledge Flows in the Technological Strategies of Firms." *Research Policy.* vol.24, no.4.

Bonney, J.(1993), "Third-party Logistics: Is It for You?", *American Shipper.*

Bowersox, D. J. and Daugherty, P. J.(1987), "Logistics Paradigme: The Impact of Information Technology," *Journal of Business Logistics,* vol.16 no.1.

Bowersox, D. J., Daugherty, P., Droge, C., Rogers D., and Wardlow, D.(1989), *Leading Edge Logistics:* Competitive Positioning for the 1990s.

Bruwer, P. J. S.(1984), "A Descriptive Model of Success for Computer-based Information System," *Information & Management,* vol.7.

Dapiran, P., Lieb R., Millen, R., and Sohal, A.(1996), "Third Party Logistics Services Usage by Large Australian Firms," *International Journal of Physical Distribution and Logistics Management,* vol.26, no.10.

Droge, C. L., Richard Germain, Partricia, J., and Daugherty, P.(1989), "Servicing the Exchange Relationship: Organizational Configuration and Its Effect on Intra-Firm and Buyer-Seller Communication," *Working Paper.*

Ellram, Lisa M. and Cooper, Martha C.(1990), "Supply Chain Management, Partnerships and the Shipper-Third Party Relationship," *The International Journal of Logistics Management,* vol.1. no.2.

e-Logistics Supplement(2000), 「Logistics Management and Distribution Report」.

Fawcett, S. E., Calatone, R., and Smith, S. R. (1996), " An Investigation of Impact of Flexibility on Global Reach and Firm Performance," *Journal of Business Logistics,* vol.17, no.2.

Frederic Lasserre(2004), "Logistics and the Internet: Transportation and Location Issues Are Crucial in The Logistics Chain," *Journal of Transportation Geography,* vol.12.

Gibson, B., Sink, H., and Mundy, R.(1993), "Shipper-Carrier Relationship and Carrier Selection Criteria," *Logistics Transportation Review*, vol.29, no.4.

Goodhue, D. L.(1998), "Development and Measurement Validity of a Task-Technology Fit Instrument for User Evaluations of Information Systems," *Decision Science*, vol.29, no.1.

Greemillion, Lee L.(1984), "Organizational Size and Information System ," 1984.

Grover, V.(1990), "Factors Influencing Adoption and Implementation of Customer-Based Inter-Organizational System," Unpublished Ph. D. Dissertation, University of Pittsburgh.

Gunasekaran, A., Patel, C., and Tirtiriglu, E.(2001), "Performance Measures and Metrics in a Supply Chain Environment," *International Journal of Operations & Production Management*, vol.21, No.1/2.

Hall, R. W.(1987), "Consolidation Strategy: Inventory, Vehicles and Terminals," *Journal of Business Logistics*, vol.8, no.2.

Hamid Tavakolian(1989), "Linking Information Technology Structure with Organization Competitive Strategy: A Survey," *MISQ*, September.

Hertz, S.(1993), "The Internationalization Processes of Freight Transport Companies-Towards a Dynamic Network Model of Internationalization," *The Economic Research Institute*, Effi.

Hong, Junjie(2004), "Firm-Specific Characteristics and Logistics Outsourcing by Chinese Manufacturers," *Asia Pacific Journal of Marketing and Logistics*, vol.16, no.3.

John, H. R. and Vitale, M. R(1993), "Creating Competitive Advantage with Interorganizational Information Systems," *MIS quarterly*, vol.12.

Kaeli, J. K.(1990), "A company-Wide Perspective to Identify, Evaluate, and

Rank the Potential for CIM," *Industrial Engineering*, vol.22, no.7.

Kalakotla, R. and Whinston, A. B.(1996), "Frontiers of Electronic Commerc, e" *Addison-Wesley, Reading. MA.*

King, John (1969), "Globalization of Logistics Management, Present and Prospect," 7th KMI Int'l Seminar, 27 May, KMI.

Kym, H. G.(1991), "An Evaluation of Adoption and Implementation Strategies for Customer-Oriented Electronic Data Interchange," Ph.D. Dissertation, University of Pittsburgh.

Lal, K.(2004), "Determinants of the Adoption of e-business Technologies," *Telematics and Informatics.*

Leahy, S. E., Murphy, P. R., and Poist, R. F.(1998), "Internationalization and Firm Governance: The Roles of CEO Compensation, Top Team Composition, and Board Structure," *Academy of Management Journal,* vol.41, no.2.

Lewis, I. and Talalayevsky, A.(1997), "Logistics and Information Technology: A Coordination Perspective," *Journal of Business Logistics,* vol.18, no.1.

Lieb, R. C and Randall, H. L.(1996), "A Comparison of the Use of Third-Party Logistics Services by Large American Manufacturers 1991, 1994 and 1995," *Journal of Business Logistics,* vol.17, no.1.

Lieb, R. C., Millen, R. A., and Wassenhove, L. N. V.(1993), "Third Party Logistics Services: A Comparison of Experienced American and European Manufactures", *International Journal of Physical Distribution and Logistics Management* 23(6), 35-44.

Lomas, P. N.(1997), "The Implications of Outsourcing," *FFA Logistics,* DEC 1997.

Lucas, H. C. and Spilter, V.(1999), "Field Study of Broker Workstation," *Decision Science,* vol.30.

McGuinnis, M. A., Kochunny, C. M., and Ackerman B.(1995), "Third Party Logistics Choices," *The International Journal of Logistics Management*, vol.6.

Philip Ein-Dor and Eli Segev(1982), "Organizational Context and MIS Structure," *MIS Quarterly*, September.

Piplani, Rajesh., Pokhare, lShaligram., and Tan, Albert.(2004), "Perspective On The Use of Information Technology at Third Party Logistics Services Providers in Singapore," *Asia Pacific Journal of Marketing and Logistics*, vol.16, no.1.

Prahalad, C. K. and Krishman, M. (1999), "The Meaning of Quality in the Information Age," *Havard Business Review*, vol.77, no.5.

Premkumar, G., Ramamurthy, K., and Nilakanta S.(1994), "Implementation of Electronic Data Interchange: An Innovation Diffusion Perspective," *Journal of Management Information Systems*, vol.11, no.2.

Puge, D. S., Hickson, D., Hinings, C. R., and Turner, C.(1968), "Dimension of Organizational Structures," *Administrative Science Quarterly*, vol.13, no.1.

Roberts, K.(1994), "Choosing a Quality Contractor", *Logistics Supplement* September, vol.4, no.5.

Robertson, James F. & Copacino, William C.(1994), 「The Logistics Handbook」, Anderson Consulting.

Schary, Philips B.(1984), "Logistics Decision", *Drygen Press*.

Schmid, B. F.,(1993), "Computer Integrated Logistics," Working Paper of the Institute for Media and Communications Management, University of St. Gallen Switzerland, from http://www.netacacademy.org.

Shawn, Daly P. & Lindsay, Cui X.(2003), "E-Logistics in China: Basic Problems, Manageable Concerns and Intractable Solutions," *Industrial*

Marketing Managemnet, vol.32.

Sheffi, Y.(1990), "Third Party Logistics: Present and Future Prospects," *Journal of Business Logistics*, vol.11, no.2.

Siddharthan, N. S.(1992), "Transaction Costs, Technology Transfer and In-House R&D: A Study of The Indian Private Corporate Sector," *Journal of Economic Behaviour and Organizations* vol.18.

Sink, Harry L., and Langley, John C.(1997), "Managerial Framework for The Acquisition of Third-Party Logistics Services," *Journal of Business Logistics*, vol.18, no.2.

Sohail, M. S. and Sohal A. S.(2003), "The Use of Third Party Logistics Services: a Malaysian Perspective," *Technovation*, vol.23.

Stank, P., Keller S. B., and Daugherty, P. J.(2001), "Supply Chain Collaboration and Logistical Service Performance," *Journal of Business Logistics*, vol.22, no.1.

Sullivan, D.(1994), "Measuring the Degree of Internationalization of a Firm," *Journal of International Business Studies*, vol.25.

Sundermeyer, K.(2001), "Collaborative Supply Net Management," Advances in Artificial Intelligence KI 2001.

Timmers, P.(2000), "Global and Local Electronic Commerce," *EC-Web 2000*.

Tornatzky, Louise G. & Klein, J. K.(1982), "Innovation Characteristics and Innovation Adoption-Implementation," *IEEE Transactions on Engineering Management*, vol.29, no.1.

Tuan, Jonah C., Wang, Fu-Kwun, and Du, Toimon C.(2003), "An Evaluation of Freight Consolidation Policies in Global Third Party Logistics," *The international Journal of Management Science*, Omega vol.31.

Vijay, R. Kannan, Keah, Choon Tan(2002), "Supplier Selection Assessment: Their impact on Business Performance," *The Journal of Supply Chain*

214

       Management, Fall.

Yemisi, Bolumole A.(2001), "The Supply Chain Role of Third-Party Logistics Providers," *The International Journal of Logistics Management*, vol.12, no.2.

Yoshinobu, Hara(1999), "Supply Chain Management Introduction", Diamond Co., *Kansai Resarch Institute*.

〈참고 URL〉

http://www.kiffa.or.kr (한국복합운송주선업협회)

http://www.kola.or.kr(한국물류협회)

http://www.kmac.co.kr(능률협회컨설팅)

http://kclca.cnt.co.kr/guide.htm(한국공인물류관리사회)

http://www.kcals.or.kr(한국CALS/EC협회)

http://www.tiaca.org(국제항공운송협회(TIACA))

http://www.global-mart.co.kr

http://www.iaph.or.jp(국제항만협회의 뉴스)

http://www.kita.or.kr(한국무역협회)

http://www.moct.go.kr(건설교통부)

http://www.kcci.or.kr/kccinew/outdefault.htm(대한상공회의소)

http://www.mic.go.kr(정보통신부)

http://kclca.cnt.co.kr/guide.htm(한국공인물류관리사회)

http://www.customs.go.kr(관세청)

http://www.kcci.or.kr(서울상공회의소)

http://www.mooie.go.kr(산업자원부)

http://www.digital.smba.go.kr(중소기업청)

http://kiss.kitech.re.kr(한국생산기술연구원)

http://www.cj.net(CJ 그룹)

· 저자 ·

서선애　　· 약　력 ·
(徐仙愛)
　　　　원광대학교 상경대학 무역학과 졸업
　　　　군산대학교 사회과학대학 경영학 석사
　　　　전북대학교 상과대학 경제학 박사

　　　　군산대학교, 전북대학교 강사
　　　　군산대학교 e-Biz 센터 연구원
　　　　한국인터넷 전자상거래학회 사무차장

　　　　· 주요논저 ·

　　　　「전자무역에서 볼레로 서비스의 특징과 활성화방안」
　　　　「중소기업의 SCM의 성공적 도입과 발전에 관한 연구」
　　　　「The e-Trade Settlement System and Bank's Role and Countermeasures」
　　　　「물류주체별 e-Logistics 활용전략」
　　　　「Factors Influencing the Logistics Organization Structure and Its Performance」
　　　　외 다수

한국기업과 e-Logistics

· 초판 인쇄	2006년 5월 30일
· 초판 발행	2006년 5월 30일
· 지 은 이	서선애
· 펴 낸 이	채종준
· 펴 낸 곳	한국학술정보㈜
	경기도 파주시 교하읍 문발리 526-2
	파주출판문화정보산업단지
	전화　031) 908-3181(대표) · 팩스　031) 908-3189
	홈페이지　http://www.kstudy.com
	e-mail(e-Book사업부)　ebook@kstudy.com
· 등　　록	제일산-115호(2000. 6. 19)
· 가　　격	14,000원

ISBN　89-534-5106-X 93320 (Paper Book)
　　　　　89-534-5107-8 98320 (e-Book)